秒懂
销售
口才

陈雪梅　王乐瑶 | 编著

人民邮电出版社

北 京

图书在版编目（CIP）数据

秒懂销售口才 / 陈雪梅，王乐瑶编著. -- 北京：
人民邮电出版社，2024.6
ISBN 978-7-115-62946-3

Ⅰ. ①秒… Ⅱ. ①陈… ②王… Ⅲ. ①销售—口才学
Ⅳ. ①F713.3②H019

中国国家版本馆CIP数据核字(2023)第199853号

内 容 提 要

在激烈的市场竞争中，具备出色的销售技巧至关重要，优秀的沟通能力则是其中的核心之一。

本书是一本涵盖多种销售场景的话术指南。全书共分为 8 章，分别介绍了陌拜、博得信任、发现需求、介绍产品、突出卖点、消除顾虑、促成交易、售后服务等重要环节的沟通技巧。本书以"普通说法"与"进阶说法"对比的写作方式，直观呈现更有说服力的销售沟通技巧，旨在帮助销售人员进一步提升沟通能力，游刃有余地完成销售。

本书适合各行各业的销售人员阅读。

◆ 编　著　陈雪梅　王乐瑶
　　责任编辑　马雪伶
　　责任印制　胡　南

◆ 人民邮电出版社出版发行　北京市丰台区成寿寺路 11 号
　　邮编　100164　电子邮件　315@ptpress.com.cn
　　网址　https://www.ptpress.com.cn
　　大厂回族自治县聚鑫印刷有限责任公司印刷

◆ 开本：880×1230　1/32
　　印张：5　　　　　　　　　　2024 年 6 月第 1 版
　　字数：111 千字　　　　　　2024 年 6 月河北第 1 次印刷

定价：49.80 元

读者服务热线：**(010)81055410**　印装质量热线：**(010)81055316**
反盗版热线：**(010)81055315**
广告经营许可证：京东市监广登字 20170147 号

目录

第2章
博得信任：
用口才获得认同，让销售更顺利

第7章

促成交易：
关键时刻说对话，客户付钱不犹豫

第8章

售后服务：

维系客户，让他来了又来

第1章

陌拜：

从陌生人开始拓展客户

02_ 和客户第一次见面，如何介绍产品

普通说法

👤 您好，我是××公司的销售代表。我们公司的产品和服务质量有口皆碑，您有需要吗？

进阶说法

👤 您好，我是××公司的销售代表，很高兴认识您。我们公司专注于数字营销领域，提供的解决方案可帮助您在竞争激烈的市场中脱颖而出。我们公司在行业内拥有丰富的经验和成功案例，曾帮助一家公司在短短三个月内将转化率从10%提高到20%。我非常希望您能给我一个机会，向您展示如何让业务更具竞争力。您现在有空吗？

👤 （客户可能这样说）有的。

👤 太好了，我可以当面向您展示，不会耽误您太多时间！

👤 （客户可能这样说）现在没空。

👤 那您方便和我另外安排时间，让我给您展示一下吗？不会耽误您太多时间！

技巧点拨

（1）明确公司的定位和优势。

（2）提供公司的成功案例，让客户对公司有直观的认知，取

得客户对公司的信任。

（3）强调你提供的信息与客户需求的关联性，让客户感受到你能为他解决问题。

（4）根据客户的时间安排提出邀约，表现出你对客户的尊重。

注意事项

第一次与客户见面，要注意什么细节？

- 谈话控制音量，突显自己的素质。
- 避免自吹自擂、诋毁同行，应不卑不亢地展示自身实力。
- 不必过度热情，否则容易让客户反感。
- 避免态度强势，甚至否定客户。
- 不必急于提出邀约，不应将客户逼得太紧。
- 有时先与客户聊几句家常，收集信息与需求，更能拉近与客户的距离。

举例

您好，我是×××公司的业务经理，我们公司是一家专注于为客户提供创新解决方案的公司。（明确公司的定位与优势）

我们公司提供的产品和服务已经成功帮助许多客户解决了业务问题，因此在这个行业内树立了良好的声誉。例如，我们曾经帮助一家与贵公司类似的客户，通过我们的服务，该公司的业务收入提升了40%。（提供成功案例）

您开展的业务属于我们公司的服务领域，所以我们提供的产品和服务能很好地满足您的需求，帮助您取得更好的业务成

果。（强调与客户需求的关联性）

如果您感兴趣，我们可以另行安排时间，详细聊一下解决方案。（提出邀约）

03_ 如何成功添加客户微信

普通说法　张总，可以加下您的微信吗？

进阶说法　张总，我整理了近半年行业内的最新趋势和研究报告，希望可以帮到您。我加一下您的微信，发给您吧。

（技巧点拨）

向客户索要微信时目的性不宜过强，要让客户感受到加你的微信是有价值的。

（举例）

姐，我加一下您的微信吧，我发一些装修的资料图给您，您下次有需要直接在微信上找我就行了，有特惠活动我也会第一时间通知您！（为客户提供价值）

04_ 如何给客户发第一条消息

不恰当说法

- （过度讨好客户）大哥，真的特别感谢您通过好友验证！

很高兴和您成为微信好友，您考虑好了随时联系我。

- （推销痕迹过于明显）哥，感谢通过好友验证！我是××公司小王，我们公司主营××业务，最近正好有活动，您可以先了解一下。

- （直接给客户发一些产品资料）王姐，感谢您通过好友验证，这是我们公司的产品资料，我发给您看看。

推荐说法

王总，您好，我是"热爱家居"的小李，一个专注品质服务5年的家居人，虽然我的身份是销售人员，但是我明白先做朋友再做事的道理。如果您需要询价、避"坑"、解决疑难问题，可以先来问问我，专业方面我有绝对的信心。

（等客户回复后）虽然不能保证我们家东西您一定看得上，但多一个家居行业的朋友肯定不是坏事。我把您感兴趣的这款产品的照片发给您，方便您跟家人商量，如果还需要什么资料，您跟我说一声，我再发给您。祝王总这次选上自己心仪的产品。

技巧点拨

发第一条消息的目的，是给后续销售工作做铺垫，所以消息的内容要能让客户了解你、接受你，最好还能树立起一个靠谱的形象。

05_ 如何邀约陌生客户见面，成功率更高

普通说法　姐，明天我们店里有一个活动，您有时间来店

里坐坐吗?

进阶说法 姐,我们店通过××方法帮助×××企业在××方面取得了××业绩,想和您当面聊一下,希望这些方法对您也有帮助,您明天有时间吗?另外,我针对您的业务情况总结了一些实用的方法,也许这些方法您用得上,您看××(时间)方便吗?

技巧点拨

约见客户前,要考虑客户需要什么,给客户一个见你的理由,这个理由可以是为客户提供具体的解决方案、为客户带来某些利益。

06_ 客户总说没空,如何约见面时间

普通说法

👤 张总,您好,您什么时候有时间,我给您介绍一下最新方案。

进阶说法

👤 张总,我知道您很忙,我保证只占用您10分钟的时间,并且会给您带来很多价值。这次的方案我非常有信心,我已经做了充足的调研,一定能帮您实实在在地解决问题。下周二下午2点和下周三上午10点哪个时间对您来说更合适?

👤 我不确定下周二会不会出差。

👤 既然您不确定,我们先定个见面时间,如果有变动我们

再改时间，可以吗？先定下周三上午 10 点，可以吗？

技巧点拨

邀约客户话术的关键：

（1）提供让客户感兴趣的信息；

（2）提供可选的时间，让客户下意识从中选择。

举例

👤 您好，我是为您提供 ×× 服务的 ××。

👤 有什么事？

👤 最近我们公司与您的同行 ×× 合作，他们使用我们的销售策略后月销售额增长了 30%（让客户感兴趣）。其中有两个销售策略，多家公司采用后都取得了不错的效果，您下周二或者周四如果有时间，我去公司拜访您，跟您面谈。您看哪天比较方便？

👤 那就下周二下午。

07_ 当客户失约时，怎么说才能和客户约定下次见面

场景1 到了约定时间，客户却没来

普通说法

👤 （立刻给客户打电话）哥，到哪儿了？我现在去接您！

（急迫地打电话，会暴露你急于签单的意图）

進阶说法

👤 （等到卖场关门之后打电话）哥，本来约好了今天下午两点您来店里，我都把公司的专家约好了。后来又担心您工作比较忙，所以一直没敢打电话联系您。这会儿卖场关门了，我怕您忙完又过去，所以赶紧给您打个电话，让您改个时间再来。

👤 不好意思，我忙忘了。

👤 哥，没事，明天我也在卖场，我等着您。

👤 （客户可能这样说）明天我一定来。

👤 太好了！哥，那这样，明天下午3点，可以吗？

👤 （客户可能这样说）抱歉，但我明天确实来不了。

👤 哥，我后天跟您联系，可以吗？

场景2 客户打电话说自己来不了

推荐说法

👤 王总，我知道您忙，特别理解。但是听您说不来了我还是觉得特别可惜，今天为了给您更好的产品体验，我专门安排了一场分享会，只邀请了几位重要客户和公司的专家，在会议前向大家特别隆重地介绍了您。大家现在都想听听您对产品的一些想法，您的意见对我们很重要。

👤 实在不好意思，我今天确实没时间。

👤 我知道您肯定是因为有更重要的事情赶不过来。公司下次安排分享会的时候，我提前跟您约时间。

👤 好，下次一定来。

话术公式	表示理解 + 表达对客户的重视 + 约下次见面

（技巧点拨）

面对客户的爽约，可以通过描述自己对客户的重视，让客户感到不好意思，但也要掌握好尺度，不要让客户反感。注意不要流露抱怨的情绪，这样有利于成功邀约下次见面。

08_ 陌拜时遇到尴尬事件，如何化解

场景1 客户粗鲁，并且不信任你

推荐说法

👤 你就是个业务员，你说话算数吗？

🧑 王总，您放心，公司安排我过来是给了我授权的，您有哪些需求可以提出来，不管能不能满足我都会给您一个准确答复。

👤 那你能做最终决定吗？

🧑 王总，在我的权限范围之内，我可以做主；超过权限范围，我需要向领导请示。正规公司不都是这样吗，即便是董事长要办越权的事，不也一样要和公司股东们商量吗？

（技巧点拨）

收放自如、不卑不亢。

场景2 客户已有固定供应商，拒绝你的拜访

推荐说法 王总，我很清楚，您能把企业做到现在这个规模，一定有稳定的供应商。如果您的供应商不稳定，您的企业做不到现在。我这次拜访主要是想和您见个面，您知道有我们这个牌子就行！

话术公式	真诚赞美 + 表明态度 + 说出目的

场景3 客户表示时间不够，拒绝拜访

客户说没时间。

普通说法 王哥，那等您有时间了再联系我，好吗？

进阶说法 理解，既然您今天很忙，那我明天把资料送到您的办公室，好吗？我占用您10分钟的时间，给您讲一下我们的项目，您看这样行不行？

客户说待会儿要出差。

推荐说法 是这样啊，那我待会儿送您去机场，不耽误您的时间，顺便给您汇报一下我们的项目，这样行不行？

技巧点拨

只有提前准备好方案，陌拜时才会游刃有余。

场景4 引起了客户的反感

推荐说法

👤 王总，我是来道歉的。我今天反思了自己的行为，确实打扰到了您，真的很抱歉！

👤（客户可能这样说）你也不容易，能理解。

👤 谢谢王总您的理解！为表歉意，我给您准备了一份礼品，请您一定收下。

👤（客户可能这样说）道歉有什么用，你确实烦人！

👤 是的，我自己都觉得自己烦人。做销售，我也很无奈，真的是丢单丢怕了。我在这家公司上班7年了，这家公司的产品性价比较高，客户认可度也高。抛开我的个人行为，其实王总您是有需求的，我的初衷是想把好产品介绍给您，而不是打扰您，希望王总不要误会。为了表示歉意，我个人准备了一份礼品，请您一定收下。

技巧点拨

客户反感，和推销的产品关系不大，客户反感的通常是销售人员的行为。在这种情况下，一定要消除误会，理解客户的同时也要让客户感受到你的真诚。

09_ 没人脉没资源，如何接触大客户

场景1 有大客户联系方式，没有接触他的机会

小李想要接触一家大企业，但是这家企业管理非常严格，他连

企业大门都进不去。小李在网站上查到了产品负责人的电话号码，了解了该企业的业务。

普通说法

👤 您好，王总，能联系上您真不容易啊！

👤 有话直说吧！

👤 您现在忙吗？我想来拜访您。

👤 我很忙，没时间。（挂电话）

进阶说法

👤 王总，还在忙吗？

👤 你哪位啊？

👤 我们公司以前给××公司提供过×××（服务或产品）。现在生意不好做，×××降价了，我们公司产品的价格也下调了，您在不在×××（城市）？您如果在，可以来我们厂里看看×××的最新款。

👤 我没空，现在在开会。

👤 那这样，我先加您微信或者您秘书的微信。保证将资料给您提供到位！

场景2 获得面见大客户的机会

小李想要接触一家潜在大客户，但是这家公司并没有公布联系方式。小李通过市场调研获得了这家公司的信息，并获得了面见大客户的机会。

普通说法

👤 您好，我是×××公司的销售，我们公司的产品非常适合您的公司，我向您做个简单介绍，可以吗？

🧑 我不知道你们公司，我对你们的产品也不感兴趣。（客户离开）

进阶说法

🧑 张总，在忙呢？

🧑 你是？

🧑 我这边是做设备维护的，我知道您的公司最近生产遇到了一些问题，有时候生产设备莫名其妙就停机了，给您的公司带来了不少损失。

🧑 你继续说。

🧑 您不用担心，我已经帮您做了一套维护方案，设备出现问题时能快速恢复生产。我们公司最近帮 ××××（客户的竞争对手）解决了设备问题，其很快就恢复了生产。我想您肯定也很需要。您现在方便的话，我可以去您办公室详细聊聊。

陌拜话术小结

（1）简单开场：像熟人一样跟客户打招呼。

（2）以客户痛点为切入点：客户的需求和痛点是你接触他们的理由，通过提供针对性的解决方案来引起他们的关注，让他们产生兴趣。

（3）提供有价值的信息或建议：客户可能并不了解你推荐的产品或服务，你需要提供有价值的信息或建议，让客户对你推荐的产品或服务有一个初步的了解。

（4）强调差异化和优势：客户可能已经有合作的供应商或解决方案，你需要突出你推荐的产品或服务的独特性和优势。

（5）请求添加联系方式或者想办法获得面谈机会。

第 2 章

博得信任：

用口才获得认同，
让销售更顺利

2.1

巧妙说话，让客户觉得你是自己人

01_5种话术，迅速拉近你与客户的距离

（1）共情型话术：表达对客户的理解，让客户感受到你对他的关注和关心。例如："我完全理解您的顾虑，我如果是您也会有同样的想法。"

（2）相似型话术：与客户分享自己的经历或类似的故事，让客户感受到你们的相似，进而产生共鸣。例如："我之前也遇到过类似的问题，我理解您现在的感受。"

（3）信任型话术：展示你的专业知识和经验，让客户相信你能帮他解决问题。例如："根据我的经验，我相信我们能够找到适合您的解决方案。"

（4）幽默型话术：表现出适当的幽默和适时调侃，打消客户的顾虑，让客户卸下防备。例如："您不用太担心，我们公司的口碑比我的发型还要好。"

（5）关怀型话术：表达对客户的关心和体贴，让客户感受到温暖。例如："今天的天气真冷，您要注意保暖哦！如果您需要帮忙，我随时为您服务。"

02_ 恰到好处地夸奖客户，才能赢得认同

场景1 夸奖客户的外在

（1）您今天真是太漂亮了，这件衣服非常适合您的**身材**。

（2）您的**身材**非常匀称，一看就经常运动，敬佩您的自律。

（3）您的**身材**很标准，穿我家衣服一定很好看！

（4）您是不是经常运动？**身材**保持得很好，穿什么衣服都很合身，我真羡慕您！

（5）您的**肩膀线条**非常好看，这件外套的板型和细节都可以突显您的身材优势。

（6）您的**皮肤**状态好，这套首饰很衬您的肤色！

（7）您的**皮肤**状态看起来比上次来的时候更好了。

（8）您的**笑容**非常迷人，让人感到非常舒适和愉悦，您的朋友应该很多吧！

（9）您很爱笑，让人不由自主地想要和您交流。

（10）您笑起来给人感觉非常友善、亲切。

（11）看您今天**精神**特别好，容光焕发，是不是最近有什么好事啊？

（12）您这次看起来比上次来的时候更有**精神**了。

（13）您的**发型**很时尚，展现了您的个性和品位。

（14）您的**发型**在哪里做的？非常适合您的脸形，突显了您的气质！

（15）**短发**真的很适合您，显得您更年轻了！

（16）您的穿着**打扮**时尚而不失优雅。

（17）您的**丝巾和包包**颜色好搭，是特意挑选的吗？

（18）您的**指甲**很漂亮，这个款式的美甲显得您的手指又细又长。

（19）您的**饰品**好精致，让您整个人看起来更有魅力了。

（20）您说话的**声音**真好听，您是做播音工作的吧！

夸奖客户外在的切入点：发型、发质、脸形、肤质、眼睛、眉毛、鼻子、嘴唇、脖子、项链、衣服、鞋子、腿、腰、形体、气质、声音、笑容等。夸奖的内容要与事实相符。

场景2 夸奖客户的内在

（1）您的选择总是很精准，您真是一个有**眼光**的人。

（2）您对细节非常敏感，您的**眼光**真的非常独到。

（3）您对色彩和款式的搭配非常有想法，您真有**眼光**。

（4）您真是好**眼力**，您看中的这款产品是最新推出的，当下很流行！

（5）您的**眼光**很独到，总能发现每个产品的独特之处。

（6）我非常欣赏您的**品位**，您选的都是我们的客户认可度非常高的产品。

（7）您的**观察力**真是惊人，这些细节我都没注意到。

（8）您的**洞察力**真是太强了，每次和您交流都能学到很多东西。

（9）您的**理解能力**真的很强，我一说您就懂了。

（10）您的**思路**非常清晰，把问题分析得非常透彻。

（11）您说得很有道理，感觉您在这一领域好**专业**，真是听君一席话，胜读十年书！

（12）您真会**搭配**！很多人穿不出效果，其实是不懂得搭配。当然，要搭配好也不容易，因为搭配也是一门学问。

（13）您非常**时尚**，您选的这几款都是今年的走秀款。

（14）您非常有**亲和力**，和您谈话我感觉非常轻松。

（15）您很注重细节，一看就是个心思很**细腻**的人。

（16）看得出来您比较**幽默**，您身边的人应该都喜欢跟您相处。

（17）您买东西真**爽快**，跟您打交道好舒服。

（18）您真是既**孝顺**又**大方**，这么舍得为父母（长辈）花钱。

（19）您真有**孝心**，还亲自陪父母选衣服、买衣服。

（20）从您选装修产品来看，您平时做事相当**实在**。

（21）我非常欣赏您的**实在和坦诚**，这是我愿意与您建立长期合作的重要原因之一！

（22）您是个非常**细心**的人，选购产品时仔细地研究了细节，您平常对家里人和朋友肯定也很细心。

夸奖客户内在的切入点：幽默、帅气、孝顺、稳重、沟通或理解能力强、眼光独特等。夸奖内容需要与客户的表现或行为相符，不要过度夸奖，否则客户会感到不合理或不真实。

场景3 **夸奖客户的购物决定正确**

（1）您真的做出了非常明智的选择，这件产品非常符合您的需求和气质。

（2）您的眼光真的很独到，今天选的产品我觉得非常适合您，我相信您在使用的过程中会对它感到非常满意。

（3）您好会选，这个产品的配置是最好的，非常适合您办公使用。

（4）您真的很懂得选择最适合自己的产品，这款产品的质量和性价比都非常高，非常值得购买。

（5）您真会选，这款产品连×××都在直播间推荐过，我们店卖得最好的就是这款产品。

（6）您选的这件衣服非常适合您，您很了解自己的风格。

（7）您的洞察力真的很强，这件产品设计出色、性能好，非常符合您的气质，也能满足您的需求。

（8）这条连衣裙是我们店本季度卖得最好的，虽然有很多相似款，但是这款才称得上经典，特别适合您，您好会选啊！

（9）您一眼就看中的这件衣服，您穿着真好看，您的朋友也说很适合您。今天您回去肯定有很多人问您在哪里买的。

（10）您挺适合这个风格，您的气质完全被衬托出来了。这样搭配很合适，您这么穿就很好看。

（技巧点拨）

夸奖的话谁都爱听，关键是你能不能说到点子上，要让客户觉得你是在真诚地夸奖，而不是带着目的地讨好。如果你的夸奖说到了客户心里，客户心情愉悦，对你说的话认可度高，就容易接受你的推荐。

夸奖客户只要遵循6个原则，一般就不会出错。

（1）不要轻易夸奖新客户，礼貌即可。

（2）根据具体的事情和细节去夸奖客户。

（3）夸奖内容要符合实际情况。

（4）夸奖时可适度指出客户好的变化。

（5）在恰当的时机夸奖客户。

（6）达成交易后，再次夸奖以提升客户购买的满意度。

03_ 掌握这些金句，更容易让客户心动

◆ 市场没有统一的价格，但一定有合理的价格。您能找到比我这个贵的，也一定能找到比我这个便宜的。选贵的呢，其实不一定对，但是贵一定有贵的道理。选便宜的，也不一定错，但是便宜一定有便宜的风险。

◆ 好听的话谁都会说，但负责任的事不是谁都做。我不是不愿意跟您说那些漂亮话，而是因为我知道，真正做到比空口承诺更重要。

◆ 我不会用低价去换销量，我不想做一锤子买卖，我想要的是长久的合作。

◆ 跟我合作，我不敢保证您花最少的钱，但是可以保证您省最大的心。每一位客户，我都是真心相待的。

◆ 质量决定成败，而服务成就一切。

◆ 按道理来说，您买这个贵的，我赚得更多，但我一直觉得适合您的才是最好的。

- 我专注于这个行业十年了，我说这话不是为了证明我有多厉害，而是表明在您需要的时候，我有能力帮您立刻解决问题。

- 我觉得哪怕一元的生意，都应该建立在我能够帮您解决问题的基础上。能解决问题，我们愉快合作；不能解决问题，您花一元都叫浪费。

- 我从来不相信这个世界上有完美的事，我都不相信，还给您承诺，那叫欺骗。

（技巧点拨）

必要时刻说一句金句，可能让客户耳目一新，立刻心动！

04_ 获得客户信任的话术，你应该知道

场景1 客户想买护肤品，看中了一款具有多重功效的精华

普通说法　这款精华卖得很好，也非常适合您。

进阶说法　其实您的皮肤挺好，没有晒斑，也不长痘痘，只是有点缺水。我觉得您用淡绿色包装的这款补水保湿的精华就够了，而桃红色包装的那款具有多重功效，可能您用起来皮肤会有负担，而且因为加了 ×××成分（产品的卖点），价格也贵了很多。您可能不在乎价格高低，但其实淡绿色包装的这款就能满足您的护肤需求，咱们不选贵的只选对的，您说对吧？

场景 2　客户纠结选哪一款地板更合适

普通说法　两款地板是一个牌子的，质量都很好。

进阶说法　您的眼光真好，看中的这两款地板我们店卖得都很好，但是价格也偏贵。您刚才说房子装修了是用来出租的，那我不建议您买这么贵的，我给您推荐一款性价比更高的，这样更划算，您还可以省一点钱用以购置家具。

场景 3　客户看中了一款优惠力度很大的小轿车

普通说法　现在活动力度大，是购买的最好时机。

进阶说法　说实话，这款小轿车现在活动力度确实大，价格真的很划算，但是您先生说有二胎计划，那我不建议您买这一款。因为到时候一家四口出门，孩子的东西还挺多的，这款小轿车可能满足不了您的出行需求，您开不到两年又得换一辆车，不仅得花时间再去看车，可能转卖的价格也很低。我给您推荐一款既能满足需求，性价比也高的车吧。

话术公式	表示肯定（或夸赞品位）＋提出反向意见

（技巧点拨）

真诚是获得信任的前提，体现真诚的最好方式就是站在客户角度，立足客户需求给出方案。在推荐产品的时候，不要一直夸赞自己的产品，可以结合客户的需求来推荐，让客户感觉到你切实在为他着想，从而快速获得信任。

05_ 客户不冷不热，如何拉近距离

场景 已经加了客户为微信好友，但客户不回消息，或者总是不冷不热地回复"好的"

推荐说法

👤 （挑一个稍晚的时间发消息）王总，不好意思，晚上还打扰您。之前发过很多信息，想邀请您过来再看看产品，但是感觉您不是很感兴趣。我想着您是不是有什么误解，所以又给您发了这个信息。

👤 抱歉，确实不是很感兴趣。

👤 能理解。其实我们做销售的，只要有一点儿希望就想去争取。虽然不确定您一定会在我这里买，但请王总原谅我总是打扰您。王总如果有其他考虑，可以直接说，我想签单，所以我会尽一切办法去帮您解决，还希望王总指点一下，不胜感谢。

👤 倒也没有不感兴趣，只是在犹豫。

👤 原来是这样，王总，犹豫时，其实最需要的就是销售人员，毕竟我们知道的确实会多一些。您有什么顾虑，尽管告诉我，我会尽一切办法去帮您解决。

（技巧点拨）

在晚上真诚交流，让客户卸下防备。

06_ 接手别人的客户，用一套话术成功推销自己

普通说法

他已经离职了，有什么事？

进阶说法

👤 您好，×× 工作调动了，我是他的同事小张，很高兴认识您。我刚好是负责 ××× 业务的，您提出的这个问题现在由我来帮您解决。

👤 （如果客户提出问题）

👤 （解答客户的问题）后续如果您还有其他问题需要解决可以直接找我，我会尽我所能，为您提供与之前销售人员同样专业、高效的服务。

👤 （如果客户质疑）感觉 ×× 更好些。

👤 我理解您现在的感受，毕竟我们才初次见面。但我和 ×× 关系很好，我相信自己能像他一样专业。×× 经常向我说起您，您的情况我也很了解，相信能很快帮您解决问题！

技巧点拨

这是拓展客户资源的机会，可以按照下面 4 步来推荐自己，获得客户信任。

（1）介绍自己：简单介绍自己的身份。

（2）了解客户需求：了解客户目前的需求和遇到的问题，以便针对性地提供服务。

（3）提供解决方案：基于对客户需求的了解，提供合适的解决方案，帮助他们解决问题，获得客户的信任。

（4）客情维护：向客户承诺将继续提供优质的服务。

*07*_ 面对老客户带来的新客户，这样打招呼

<u>普通说法</u>

- 欢迎欢迎，您是新来的，我这里有一些产品资料发给您看看！（发送大量产品资料）

- 王哥，张姐说您想买个沙发，预算是 2000 元，是吗？我给您看的几款沙发参与了促销活动，您如果有喜欢的就赶紧订吧，库存不多了。

<u>进阶说法</u>

- （为后续签单做铺垫）非常欢迎您的到来，您是张姐的朋友，就相当于我的朋友。不管您订不订产品，我都要送您一份见面礼。张姐特别优秀，您肯定也一样优秀，有机会我还得多向您学习。如果有我能帮上忙的地方，您跟我说。

- （想立马促成交易）王哥好，我是小李，是张姐把您推荐给我的。之前张姐家的装修就是我做的，我在这个行业干了 6 年，您如果想了解装修产品的价格和细节，可以随时问我，我可以帮您出个主意，也可以帮您避"坑"。您现在有什么问题吗？

话术公式	告诉客户推荐人 + 询问需求 + 表明自己的价值

08_ 客户打听你的提成，这样高情商回复

普通说法　也就 ×× 元。

进阶说法　不瞒您说，每售出一件产品提成肯定还是有的，只有这样才能保证后面给您提供高质量的产品和服务。今天跟您聊得比较愉快，可以给您一个优惠价格，让您相较于其他客户多省点钱。当然，希望您以后多帮我推荐一些客户。

技巧点拨

遇到客户问提成，如果说实话，可能会被压价；如果回答"不挣钱"，客户不仅不会相信，还会觉得你在敷衍他。较合适的回答是让客户知道在你的努力下，他享受到了优惠价格，那么他才会愿意继续合作。

举例

客户选了一款按摩椅，问销售人员："这单你能赚几百元？"

如果我说没有提成，您肯定不会相信。但是我向您承诺，您从我这里购买产品，我为您提供"7×24 小时"的服务，不会让您操心的。如果我没有提成，您也不会安心，毕竟不赚钱的事，没几个人会上心。您买的这款按摩椅，本来只能打九五折，我以最高折扣卖您，咱们互惠双赢！您用得好一定要给我介绍客户啊。

09_ 在跟客户沟通时，这些话一定不能说

1. 批评性话语

<u>不恰当说法 1</u>　你说得不对。

<u>推荐说法 1</u>　您理解得没错，同时我补充一点：×××。（肯定客户＋补充遗漏）

<u>不恰当说法 2</u>　你根本就不了解。

<u>推荐说法 2</u>　我跟您解释一下，这个问题其实是这样的：×××。（真诚解释）

<u>不恰当说法 3</u>　这是你的问题。

<u>推荐说法 3</u>　确实我也有问题。（将一部分错误归咎于自己）

<u>不恰当说法 4</u>　你搞错了！

<u>推荐说法 4</u>　可能我表达不清楚，让您有误会，其实××××。（真诚解释）

<u>不恰当说法 5</u>　别说了，你完全不懂！

<u>推荐说法 5</u>　没关系，我一直从事这方面工作，比较熟悉×××，我们再沟通一下。（耐心沟通）

<u>不恰当说法 6</u>　你这样做肯定会出问题！

<u>推荐说法 6</u>　也许您可以试试我这个方法：×××。（提供

解决方法）

2. 夸大的话语

不恰当说法 1　我们的产品是最好的。

推荐说法 1　市面上的产品其实都差不多，但是参数、配置和提供的售后服务不一样。（提供产品细节）

不恰当说法 2　在这一领域，我们公司是市场上最专业的。

推荐说法 2　我们公司的专业性确实得到了行业的认可。（使用委婉的自夸话术）

不恰当说法 3　你不可能找到比这更好的解决方案。

推荐说法 3　这是我们充分了解您的需求以后，结合实际情况给出的方案，它可以帮您解决问题。（表现专业性）

不恰当说法 4　我们的价格是最优惠的。

推荐说法 4　肯定有比我们家更低的价格，但是在同类型产品里面，我们选用的材料质量比较好，成本自然会高一些。（展现性价比）

不恰当说法 5　我们的产品可以全部解决您说的这些问题。

推荐说法 5　我们的产品可以帮您解决 ×××/××× 的问题。（提供具体信息）

不恰当说法 6　我们的客户满意度是 100%。

推荐说法 6　我们几乎没有接到过投诉，合作过的客户对我们都比较满意。（避免使用绝对数据）

3. 质疑性话语

不恰当说法 1　您明白我的意思吗？

推荐说法 1　我说清楚了吗？（从自己出发）

不恰当说法 2　您听懂了吗？

推荐说法 2　您看我是否跟您解释清楚了？（从自己出发）

不恰当说法 3　您能证明您的说法吗？

推荐说法 3　您说得有道理，可以跟我说说为什么您会这么认为吗？（真诚询问）

不恰当说法 4　您确定您已经考虑清楚了吗？

推荐说法 4　您需不需要再考虑一下？（语气委婉）

不恰当说法 5　您确定这个方案行得通吗？

推荐说法 5　我准备了另外一个方案，您要不要先了解一下？（提供选择）

不恰当说法 6　您不觉得您这样完全是在浪费时间吗？

推荐说法 6　按照您说的处理，可能需要更多时间，您不介

意吧？（说清后果）

4. 贬低同行的话语

<u>不恰当说法 1</u> 他们跟我们没法比，他们的产品达不到这样的质量。

<u>推荐说法 1</u> 其实您可以摸一下，我们产品用的 ×××× 材料，相比于大部分商家用的 ×××× 材料，更加坚韧耐磨，使用寿命也更长。说明书里有检测报告，您可以看下。（引导客户体验）

<u>不恰当说法 2</u> 我们家产品比 ××× 家的好。

<u>推荐说法 2</u> 市面上的产品其实差不多，只是配置有区别，但是，我们家服务 ××××（优势）。（先谦虚，再展现优点）

<u>不恰当说法 3</u> 很多公司都不讲诚信，我们才是值得信赖的。

<u>推荐说法 3</u> 我们在与客户的沟通和交易中始终保持透明和诚实，我觉得，只有这样才能赢得客户的信赖，才能在市场上赢得长久的成功。（表现真诚和客观）

<u>不恰当说法 4</u> 其他公司只关心自己的利益，而不是客户的利益。

<u>推荐说法 4</u> 我们都是为了帮您解决问题，可能方式不同。（展现亲和态度）

不恰当说法 5　其他公司的产品／服务不可能比我们的好。

推荐说法 5　每家公司的产品／服务都有各自的特点，但关键是能否解决您的问题。（展现客户至上的态度）

5. 攻击性话语

不恰当说法 1　我看你根本什么都不懂。

推荐说法 1　您平常可能很少接触这类产品，我帮您简单介绍一下。（提供服务）

不恰当说法 2　怎么可能呢？

推荐说法 2　您说得也没错，但是也有另外一种可能性：×××。（肯定客户＋提供其他解释）

不恰当说法 3　这是你的问题！

推荐说法 3　我们一起来看看怎么解决这个问题。（齐心协力，解决问题）

不恰当说法 4　就是你错了！

推荐说法 4　我可能没有表达清楚，请让我跟您解释一下。（耐心解释）

不恰当说法 5　你太固执了！

推荐说法 5　我理解您的想法，或许我们可以再多考虑一些其他方案，以便更好地解决这个问题。（提供更多解决方案）

不恰当说法 6　你真的不懂这个问题吗？这些都是基本常识。

推荐说法 6　您对这个问题还有疑惑吗？（耐心解释）

6. 不确定的话语

不恰当说法 1　我不知道。

推荐说法 1　您别着急，我马上帮您确认一下。（积极主动）

不恰当说法 2　我不能百分之百确定。

推荐说法 2　我先查阅相关资料，然后再跟您说明。（严谨）

不恰当说法 3　可能有问题。

推荐说法 3　按照正确的使用方法 / 流程，目前没有出现过问题。（专业）

不恰当说法 4　我不敢保证一定是对的。

推荐说法 4　我需要确认一下，然后给您一个确切的答案。（认真负责）

不恰当说法 5　我不确定这个做法是否正确。

推荐说法 5　我会检查一下，以确保我们的做法是正确的。（反复确认）

不恰当说法 6　我也不知道有没有。

推荐说法 6 我不确定我们是否提供过这项服务，请稍等一会儿，我去确认一下。（认真负责）

不恰当说法 7 我感觉这个方案没问题。

推荐说法 7 这个方案是我们做了充足的市场调研后定下来的，是具有可行性的。（专业）

7 推卸责任的话语

不恰当说法 1 这不归我们管。

推荐说法 1 很抱歉给您带来了麻烦，我会协调相关部门帮您解决。（解决问题）

不恰当说法 2 这不是我们的问题。

推荐说法 2 我们会尽最大的努力来解决这个问题。（解决问题）

不恰当说法 3 这是公司决定的事情，我也无能为力。

推荐说法 3 我理解您的心情，我们会尽力为您提供帮助。（表示理解 + 解决问题）

不恰当说法 4 我们只是按照规定行事。

推荐说法 4 我们会尽力为您提供更好的服务，并考虑最合适的解决方案。（态度真诚）

不恰当说法 5 您应该先了解清楚，再来找我。

推荐说法 5 我跟您解释一下，这个问题是这样的……（提供解释）

不恰当说法 6 你应该知道这不属于我的工作范畴。

推荐说法 6 谢谢您提出这个问题，我会尽快向上级部门反馈并尽快为您解决问题。（积极反馈）

$$2.2$$

让客户觉得你的产品／品牌／公司靠谱

01_6 个方法，让客户更快认同你的产品

方法 1 案例营销

引用先前的成功案例，展示产品的优势，因为客户更容易接受被大众验证过的产品。

❓ 怎么做

收集案例：收集成功案例中的客户信息，包括客户的问题和需求，以及如何使用产品来解决问题。

制作案例材料：制作的案例材料（包括文字、图片、视频

等），要能够直观、生动地展示客户的问题和需求，以及利用产品解决问题的过程和效果。

选择适当的案例：选择具有代表性、成功的案例，同时这些案例中的客户需要与目标客户有相似之处。

举例①

某运动品牌公司使用了大量的案例营销来推广其产品。例如，在人多的地方播放知名运动员身着该品牌服装比赛的视频。

哥，我们公司的运动鞋，很多是专供专业运动员使用的。运动员 ×× 在 ×× 比赛上穿的就是我们公司的运动鞋。

举例②

你如果是一家餐厅的销售人员，可以通过美食 App 上的客户评论，来证明你的餐厅提供的美食和服务的品质。

这个套餐一直都是我们店里的招牌，您看大众点评上的留言，都是客户的好评。

方法2　借势营销

利用当前热门话题或时事话题来推广自己的产品或服务，吸引目标客户的注意力，提高知名度和影响力。

？ 怎么做

选择合适的话题：选择当前热门话题或时事话题，并且该话题要与自己的产品或服务相关联，这样才能够吸引目标客户的注意力。

制定营销策略：制定借势营销的策略，如利用社交媒体发布相关内容、制作相关广告宣传片等，注意根据不同的平台和受众特点来制定不同的策略。

宣传推广：通过各种宣传渠道，如社交媒体、广告等，向目标客户传递自己的产品或服务的相关内容，并且在宣传推广中加入品牌元素，以提高品牌的知名度和影响力。

⊛例①

某著名游乐园的旅游公司采用借势营销，借助游乐园知名度来推销自己的旅游产品。

拥有奇思妙想和童真的人，还是得去一次游乐园。现在订票，享受梦幻的游乐园之旅！

⊛例②

假如你是一家运动用品店的销售人员，你可以借助体育赛事，吸引更多的潜在客户。

学习 ×× 运动员，强身健体、磨炼意志，先从穿上一套合适的运动衣开始吧。

方法3 **品牌营销**

品牌营销是企业利用品牌元素和策略来塑造自己在目标客户心中的形象，从而提高品牌知名度和影响力的营销策略。

? 怎么做

提高品牌识别度：通过独特的品牌元素（如标志、口号、形象等）来提高品牌识别度，使目标客户能够迅速识别品牌，并且记住品牌。

塑造品牌形象：通过品牌元素和营销策略来塑造品牌形象，如将品牌与某种特质或价值观联系起来，使目标客户对品牌有更深层次的认知和印象。

维护品牌形象：积极监测消费者的反馈，对不良的反馈进行及时回应和解决，避免品牌形象受损，避免影响品牌知名度和产品销售。

创新品牌营销策略：不断创新品牌营销策略，如与公益组织合作、利用社交媒体与消费者互动等，以提高品牌的知名度和影响力。

举例

当你是大品牌的销售人员，可以重点强调品牌价值。

这是××乳业的牛奶（点明品牌），您完全不用担心质量问题！

方法4 专业营销

这种营销方式的核心是突出产品的专业性和可信度，针对目标客户的需求和兴趣进行精准的营销。

❓ 怎么做

"教育"营销：展示产品的专业性和可信度，从而提高目标客户对产品的信任度，促使其采取购买行动。

专家营销：借助权威专家的声誉和影响力来推广产品，提高产品的专业性和可信度。

㊫㋑举例

作为一名销售人员，你可以强调自己、公司、品牌的专业性，从而取得客户对你的信任和认同。

- 王姐，我在家居装修这行干了7年，对装修行情，我算是非常了解的。如果您不介意，我可以向您提供一些建议，您参考一下。

- 我们公司在这个领域深耕已久，取得了各项专业认证，还聘请了许多专家作为顾问。

方法5　标签营销

标签营销的核心是准确地把握目标客户的兴趣和需求，使用具有特定含义的标签或关键词来推广产品，从而提高产品的曝光率和影响力。

❓ 怎么做

客户标签营销：利用客户标签数据，对客户进行精准定位，提供符合客户兴趣和需求的产品或服务。

社交媒体标签营销：利用社交媒体平台的标签功能，将产品或服务与相关话题、标签联系起来，提高曝光度。

内容标签营销：在内容中添加有助于客户理解的标签，提高内容的阅读量和分享量。

广告标签营销：在广告投放中利用标签定位功能，将广告精准投放给目标客户，提高广告的点击率和转化率。

（举）（例）

假如你是一家咖啡店的销售人员，可以在咖啡饮品上贴上"低卡""无糖"等标签，并且提供相关营养信息。这种标签营销会吸引既关注健康又爱喝咖啡的目标客户，让他们更加放心地享受咖啡。

我们店的产品主打的就是低卡、无糖。您最近如果在控糖，可以来试试我们店的产品。

方法6　情感营销

通过互动引起情感共鸣来吸引目标客户，提高产品的知名度和销售量。情感营销的核心是让目标客户感受到产品所传达的情感和价值，建立目标客户与产品之间的情感联系。

？怎么做

品牌情感营销：利用品牌所传达的情感和价值来吸引目标客户，建立目标客户与品牌之间的情感联系。

视频情感营销：通过影视作品、视频广告等形式，传递产品所蕴含的情感和价值，吸引目标客户的注意力。

用户口碑情感营销：通过用户口碑传播产品蕴含的情感和价值，获取目标用户对产品的信任和认同，提高产品的知名度和销售量。

(举)(例)

假设你是一家宠物食品公司的销售人员，你可以通过展示记录宠物和主人之间的温馨相处过程的照片和视频来打动客户，并提高客户对品牌的信任度和忠诚度。

我们卖宠物食品，最重要的目的不是赚钱，而是让这些小动物幸福快乐地生活。

02_ 客户没听过品牌，怎么让他"路转粉"

场景1 **新品牌，毫无知名度**

普通说法

● 我们产品确实是新产品，刚进入市场。

● 您是第一次来我们店里吧？

● 您的顾虑我完全能理解，说实话您关心的不是牌子，而是我们产品是否有质量保障、售后是不是靠谱，您说对吗？

进阶说法

● 欢迎您来逛我们店，我们的产品各有特色，所以一进入市场就很受欢迎。我给您介绍一下，看看您对哪个感兴趣，好不好？

- 您说得对，我们老板一直致力于产品研发，对外的推广确实少了些。但是您要知道，我们80%的新客户都来自老客户介绍。

(技巧点拨)

如果产品是新品牌产品，回复客户时不要自曝缺点，也不要质疑客户，要详细介绍新品牌产品的特点、定位和市场表现等信息，讲解品牌的优势和特点，进而提高客户对该品牌的认知度和好感度。回复时保持友好、专业、客观和真诚。

(举例)

👤 没听说过这个牌子的酒。

👤 酒的品牌确实很多，过去我们的酒没有办法做到大批量生产，所以开的是小规模的自营店铺，很多人都不了解我们品牌。但是现在我们的产量大大提升了，品牌也入驻了很多本地商超，以后您会经常看到我们品牌的！像本地的××/×××（商超名称），我们品牌已经入驻了（介绍品牌优势以提升用户好感度）。您喜欢喝什么口感的酒？我给您介绍一下。

场景2 品牌成立时间较长，但客户不了解

普通说法

- 我们这个牌子成立好几年了，您没听说过？
- 天底下品牌那么多，您怎么可能每个都听说过呢？

进阶说法 1

我们品牌成立好几年了，我们的客户都很喜欢，都特别关心×××问题，所以我们产品专门做了×××（介绍产品功能）。

技巧点拨

成立时间较长的品牌，可以借助客户口碑和大众认可度来获取客户的信任，然后举例说明为了获取客户做了哪些事情，比如研发特色产品，体现出对客户的重视，这样就可以赢得客户的好感。

进阶说法 2

×哥，大家买东西确实会注重品牌，所以您这样问也是担心我们家的产品没有保障，对吧？我们品牌在当地做了快×年，主打的就是性价比高。其实产品好不好，一看就知道，今天碰巧您来了，多了解一些，对您来讲也不是坏事，说不定产品刚好适合您。

话术公式	接话稳住客户 + 引导客户说出心里话 + 转移话题，取得客户信任

举例

👤 以前没看见过这个牌子的咖啡。

🧑‍💼 这个牌子其实成立好几年了，**很多跟您一样的商务人士**开始时对这个品牌比较陌生，但是试过一次就爱不释手了（用大众口碑提升信任）。因为我们专门为像您这样的职场精英做了便携且风味独特的液体咖啡，不仅好喝提神，冲泡也十分方便，特别适合您这样的商务人士。

场景3　品牌知名度较高，客户却不熟悉

普通说法

- 我们家真的是很多人都知道的大品牌，您不可能没听说过吧！
- 没听过这个品牌也没关系，总会有第一次了解的时候。我们品牌在技术上处于行业前列，产品在客户中也是有口皆碑的。我们相信产品本身优秀就是最好的宣传，您可以先看看我们的产品手册，了解一下。

进阶说法

我们家经常在×××打广告，还上过×××的直播间，过去主要是×××方面的老顾客比较多。您第一次来我们家，是我们的贵客，我给您说说老顾客对我们产品最中意的地方，好不好？

（技巧点拨）

如果品牌知名度很高，直接用客户熟悉的人物／事件举例，然后适当地顺着客户的话说，拉近与客户的距离，顺理成章地介绍产品。

（举例）

👤 这个牌子以前没听过。

👩 我们家经常在一些社交平台上打广告，像×××都在用，她还在微博上分享过这款防晒霜。我认识的一些喜欢到处旅游的人、护肤博主都从我这里买这款防晒霜。（用客户熟悉的人物/事件说明口碑）

👨 （客户可能这样说）我记起来了，原来是你家的产品！

👩 能被您记住，是我们的荣幸。您第一次来我们家，就看上了这款防晒霜，眼光真好！（拉近距离）我给您介绍一下我们老顾客对这款防晒霜最中意的地方……

👨 （客户可能这样说）还是没印象。

👩 其实没印象也是好事，这样我就能给您留下最好的第一印象。您第一次来我们家，就看上了这款防晒霜，眼光真好！我给您展示它最特别的一点……

03_ 刚成立的公司规模较小，怎么获得客户信任

普通说法

● 我们公司规模小，但是客户可不少！

● 我很理解您的顾虑，但百年企业都是一点点做起来的，除了规模，我们公司其他方面是不输本地知名公司的。无论是产品质量还是服务水平，我们都是非常用心的。

进阶说法

正因为公司规模小，我们可以为客户提供更灵活的服务。我们最近合作的一位客户，他就特别满意我们这一点。像在×××问题上，我们会×××，而很多大公司因为流程的问题，反而做不好。如果您现在有空，我们坐下来就您的问题慢慢聊一聊？

技巧点拨

客户提出公司规模小，本质上是质疑产品质量和服务水平。因此，想获取客户信任，应用案例让他意识到公司的优势，再针对性地解释和说服。

举例

👤 价值几百万元的项目，你们这么小的公司能做好吗？

👤 我非常理解您的顾虑，但正因为我们公司规模不大，所以很多项目的问题我们处理起来更灵活，团队的配合度也更高一些。**最近与公司合作的一位客户**（举例），就很满意我们公司这一点，这位客户在项目马上要结束的时候又临时加了一个需求，我们当天就满足了他的需求；而很多大公司遇到这样的情况在审批流程上就要花好几天，很耽误事！您这个项目就很适合我们公司来做，您到接待室，我跟您慢慢聊聊这个项目……

04_ 客户质疑产品质量，如何打消客户顾虑

场景1 客户认为你家的产品没有 ××× 好

<u>普通说法</u> 我们肯定不比 ××× 品牌差！我们有 ××、××……

<u>进阶说法</u> 您一看就是行家，说实话，××× 品牌在 ××× 方面有特色，我们产品强调 ×××，就看您对哪方面更看重。其实除了这一点，我们产品还有一些其他产品没有的特点，您要不要也了解一下？

技巧点拨

当客户质疑产品质量时，可能有两种情况：①客户对行业比较了解，但对公司产品不了解；②客户可能听说过关于公司产品的差评。不管是哪种情况，都不要急于反驳客户，应主动引导客户去体验和了解产品。

举例

👤 你们这个牌子的衣服没有 ×× 牌子的好。

👩 您一看就是行家，我也不瞒您，×× 牌子的衣服主要受众是职场女性，主打职场知性风，穿上 ×× 品牌的衣服看上去端庄大气。我们的衣服强调舒适休闲，就看您买的衣服在什么场合穿。

场景2 客户说，你家的产品差评好多

<u>普通说法</u> 谁家的产品在网上都会有差评。

<u>进阶说法</u> 能说说您看到的主要差评是什么吗？

注意事项

先了解差评，再分情况解释。

第一种情况：产品没有问题。

关于您说的这一点，的确是我们工作疏忽，其实产品本身没有问题，而是有些用户在使用过程中没有用对，我给您演示一下怎么正确使用。当然，这也说明我们的产品手册还不完善，所以最新版产品手册特别优化了操作介绍，您看看。

第二种情况：产品有问题，但已经解决。

关于您说的这一点，的确是我们的问题。我们发现后立刻安排了改进工作，现在您看到的是最新版的产品，您说的问题都已经解决了，要不我给您演示一下？

第三种情况：产品有问题，问题未解决。

关于您说的这一点，其实是因为我们设计时做了取舍，我们觉得大部分用户最在意的是×××（产品较优秀的一方面），所以我们的产品强化了×××（产品较优秀的一方面）。当然在×××方面（产品较差的一方面），我们还需要改进，您说得特别对。如果您平时主要使用×××（产品较优秀的一方面），选择我们的产品性价比会更高。

不要急着解释，先了解客户都看到、听到了什么，再引导客户了解产品。客户可能并不是真的在意差评，而是想砍价。

举例①

👤 网上都说用你们牌子的电动牙刷刷不干净，还不如手动刷牙。

👤 关于您说的这一点，的确是我们工作疏忽。其实电动牙刷本身没有问题，预设的时间是2分钟，但是有些用户没有刷够2分钟，或者选错了模式。我给您演示一下怎么正确使用。现在说明书里也完善了操作说明，这是最新版的说明书，您看一下。

举例②

👤 评论都说你们的 Excel 网课没有教数据分析，性价比不高。

👤 关于您说的这一点，的确是我们的问题。我们收到反馈后就安排研发老师做了改进，增加了数据分析内容，您可以看一下新版视频。

场景3　遇到同行恶意诋毁

👤 ××店家说你们用的都是劣质原料，产品质量不行。

普通说法

👤 没有这样的事情！我们品牌产品的质量一直都是很好

的，从来不使用劣质原料。

进阶说法

👤 王总，他说我们品牌的坏话不是一两天了，而且不是只对您一个人说，对所有的客户他都说。

👤 （客户可能这样说）真是这样吗？

👤 我也觉得很惊讶。他不仅说我们家的产品不好，任何一家的产品他都说不好。不信，您可以去其他家问问。

👤 （客户可能这样说）我觉得他家产品还不错，他们犯不着这样吧？

👤 虽然他家的产品质量也不错，但是我觉得大家做生意犯不着这样，您想想，他这样说的目的，不就是想让您在他那里买吗？

(技巧点拨)

遇到同行诋毁，不用自证清白。可以站在第三方的角度进行分析，这样更客观，客户自然也能明白其用意。

05_ 客户认为产品种类太少，怎么回答

普通说法　产品种类不少，有很多啊。

进阶说法　您说得对，我们家的产品种类的确不多。我们

在进货的时候，放弃了一部分质量和性价比都不高的产品，所以这里摆出来的，件件都是我们精心挑选的，每件都有特色，也比较符合当下的潮流。我可以向您介绍一下，您喜欢什么样的呢？

技巧点拨

不要反驳客户，客户说产品种类少，你只需要强调产品的独特性和优点，让客户了解产品的价值和特点，同时表达对客户需求的重视，这样有助于提升客户的满意度，进而取得客户的信任。

举例

👤 你们家的裙子太少了，没什么能选的。

👩 我们家的裙子确实不多，因为我们老板比较喜欢有特色的产品，大多数人都喜欢独一无二的东西，这样不容易跟别人撞款。我们家的每一件产品都很有特色，像您刚才看的那两款裙子就很特别，我拿给您仔细看看。

06 _ 客户认为折扣幅度小，怎么应对

场景1 **客户认为折扣幅度小**

普通说法　我们的折扣是按照市场标准制定的。

进阶说法1　我明白您的意思，现在市场竞争非常激烈，很多品牌通过打折来吸引客户。但是您大概也了解，往往那些折

扣幅度大的产品，本身定价就很高，而且利润比较丰厚。我们公司的产品质量和性能都经过严格的测试，价格合理。我们以优质取胜，希望能以实实在在的定价对每一位客户负责，保证客户在任何时候都可以放心购买产品。

（技巧点拨）

客户购物肯定会被折扣所影响，销售人员可以将客户的注意力转移到产品本身，从以下 3 个方面来跟客户解释折扣幅度小的原因。

（1）强调产品的质量和性能。

产品质量和性能都经过严格的测试和认证，价格合理，产品具有竞争力。

（2）解释公司的定价策略。

公司的定价策略是根据市场需求、产品成本和竞争对手的价格来制定的，确保价格和价值匹配，同时保持合理的盈利水平，进而保证公司能够提供高品质的产品。

（3）提供其他优惠。

尽管折扣幅度不是很大，但我们可以提供其他优惠，例如送赠品、加积分或者包邮等。

进阶说法 2

👤 是的，先生，确实存在您说的问题。我们公司制定的折扣幅度和店铺活动、产品的销售有关，有据可依，保证能让客户享受到更优惠的价格、更好的服务。

👤 （客户可能这样说）为什么你们就不能多打折？

🧑 如果随意打折，价格一降再降，变相损害了先前购买该产品的客户的权益，未来也会损害您的利益。这里有几款价格比较合适的产品，您看看……

👤 （客户可能这样说）我觉得你们还是经常打折比较好。

🧑 您的建议我会第一时间向公司反映，我相信公司一定会重视。现在最重要的还是挑到您满意的产品，我带您多看几款。

(技巧点拨)

客户想要折扣活动，说明客户对产品感兴趣，只是因为价格而犹豫。这时，销售人员应尽力将客户的注意力移到产品本身。

场景2 客户认为其他店的折扣力度比你们的大

普通说法

🧑 您这么有身份的人，应该不在乎这点折扣吧？

进阶说法1

🧑 您说得没错，现在很多店的折扣幅度都很大，但质量跟售后服务也很有可能会一起打折。

👤 真的假的？

🧑 （举例）您别不信，之前我遇到一些客户为了省几百元，买了便宜的计算机，没用上两个月就频繁出现黑屏的问题。售后拖了很久才解决。我们品牌的计算机，质量和性能都经过严格的测试，每一台计算机都有相关检测证明（拿给客户看）。虽然我们的折扣幅度小，但是您现在买，我们会送您一个同品牌的原装无线鼠标，这个无线鼠标售价288元，也会为您提供售后服务。

进阶说法2

👤 是的，之前也有客户说别人家打六折，甚至还有更低的。不过很多客户最后还是选择了我们。

👤 （客户可能这样说）为什么？

👤 因为买东西主要看实际付出去多少钱，而不是只看折扣多少。有些商家故意把价格标得很高，然后再给您打个折，真算下来一点儿也不便宜。我们家是全国统一售价，折扣也是真实可信的，您完全可以放心。

👤 （客户可能这样说）是不是吹牛啊？

👤 （举例说服）刚刚走的那位客人，被其他店"坑"了，最后还是到我们家来买产品。

话术公式	肯定客户 + 引出悬念 + 说明折扣套路 + 承诺优惠力度

技巧点拨

通过"很多客户最后还是选择了我们"设置悬念，引导客户追问，再根据情况进行回答。

第 3 章

发现需求：
挖掘客户需求，
提供个性化服务

3.1

客户需求明确，如何促成交易

01_ 客户主动询问产品信息，如何把握机会

场景1 客户主动进店咨询产品

推荐说法　姐，很高兴您来我们店。您眼光真好，这款产品是我们这儿的热销品，功效是×××（根据客户的提问回答）。但还是得咨询一下，您以前都用什么产品？现在是想解决什么问题？我在这个行业是专业的，对产品都很熟悉。您随便提要求，我给您多介绍几款产品，帮您找到最合适的那款。

话术公式	表达欢迎＋赞美眼光＋回答提问＋询问需求＋承诺服务

技巧点拨

客户主动咨询，说明有较强的购物欲望。此时一定要把握机会，提供周到服务，让客户感受到被重视，从而爽快下单。

场景2 客户在微信等平台线上咨询产品

普通说法

👤 姐，我把产品的资料发给您，您可以参考参考。

（把产品资料发过去，客户很可能懒得看）

<u>进阶说法</u>

👤（直接打电话，了解情况）王姐，我刚刚看到了您的微信留言。怕文字资料太多您看不到重点，所以打电话和您说一下。您主要想了解哪一方面，目前您有些什么需求，或者需要解决哪方面的问题？您可以跟我说，然后我再针对性地整理一些资料，发给您参考。

👤（说明自己的需求或问题）

👤（发送资料）王姐，这是刚刚针对您的问题整理的一些资料，供您参考。为了更好地帮您解决问题，我们可能需要见面详聊。是您到我们公司来，还是我带上资料来找您呢？

话术公式	电话沟通 + 挖掘需求 + 针对性介绍 + 引导深入沟通

技巧点拨

面对主动询问的客户，要更加主动！快速找到客户的需求，进入促单环节。

02_ 客户已有初步需求，如何明确购买意向

👤 你们有没有 ×× 产品？

<u>推荐说法</u>

👤 姐，当然有的，我现在就能拿给您看。但冒昧问一下，是别人向您推荐了这款产品吗？

👤 （客户可能这样说）我自己确定了要这款产品。

👤 （爽快成交，提供售后服务）我明白了，您真爽快。我给您拿货！售后有什么问题，您可以随时来找我！

👤 （客户可能这样说）朋友推荐的／广告上看到的／听说这款产品很好。

👤 （挖掘需求）我明白了，您是被推荐来的，毕竟还没有亲自体验这款产品，我担心它不是最适合您的。想问问您以前都用什么产品？现在想解决什么问题？

👤 （说明需求）

👤 我明白了！您看中的这款产品可以满足您很多需求。买产品还是要买自己真正需要的，我给您多介绍几款，帮您挑到最合适的那款。

（技巧点拨）

客户想要的产品不一定是能完全满足其需求的。有些客户，也许只是被朋友推荐，或是被广告吸引而来的，如果客户购买的产品并没有满足其预期，后续可能存在退货纠纷。因此，明确客户购买意向，让其买到真正符合其需求的产品是关键。

03_ 客户进店就问价格，怎么回应

普通说法　这个×××元。

进阶说法　您眼光真好，这款是我们现在的热销款，配置不同，价格也是不一样的，从×××到×××元不等。您对配置有些什么要求呢？（区间报价法）

(技巧点拨)

引导客户注意产品的不同配置和价格范围，让其了解产品的多样性；询问客户对产品配置的需求，以便为其推荐合适的产品，让客户在了解产品的基础上愿意接受价格。

(举例)

客户问茶叶的价格。

您眼光真好，这款是我们店里的热销款，采用了优质的茶叶并经过精心制作，口感好、香气浓。价格方面，我们提供了多种价格选项，从×××到×××元不等，您可以根据预算来选择。同时，我们店也会不定期推出一些优惠活动，比如买一赠一、满减等。您想试试哪一款？

04_ 客户喜欢的产品缺货，怎么说服客户换产品

普通说法　这款产品已经淘汰不生产了，看看新款吧！

进阶说法　我们公司对您说的这款产品进行了升级，不仅对它的功能进行了升级，还对其使用体验不好的部分做了改进，比如解决了使用过程中噪声太大等问题。很多老客户回购的都是升级款，您可以先体验下。（将升级款产品拿给客户）

技巧点拨

说服客户更换常用的老产品，可以先表示对老产品功能的认可，再表示新产品不仅有这些功能，还有老产品没有的优势。如此过渡，会让客户感受到你认可并尊重他的选择，客户会更容易接受新产品。

举例

客户喜欢某款鞋，但是该款鞋已经停产了。

非常感谢您对这款鞋的喜爱，由于市场变化和制造成本增加，我们不得不停止生产这个款式的鞋子。但是我们推出了新款，这款鞋的材料更加环保，穿起来更加舒适，样式也更加时尚，您可以尝试一下。我们提供了 7 天无理由退货服务，如果您不喜欢可以随时退货。

3.2

客户需求不明确：深入沟通，厘清需求

01_ 高效提问，挖掘客户的真实需求

普通说法　您想要什么类型的产品？

进阶说法　您是买来自己用，还是送人？（等待回答）那您主要是想解决什么问题呢？（等待回答）您比较在意产品的哪些方面呢？（等待回答）这几款产品比较符合您的需要。

普通说法　您可以先看看这几款促销产品。

进阶说法　您看这样好吗，为了节省您的时间，您是否可以把您的需求和预算告诉我，以便我帮您挑一款最适合您的产品，您买不买没关系，您可以多了解一下。

技巧点拨

挖掘客户需求时，要先提问题，且多提封闭式问题，降低客户的思考难度和回答难度，这样才能快速挖掘与客户需求匹配的产品。如果不知道问什么，可以试试 5W1H 提问法。

What：买什么（什么风格的）？

Why：为什么买？

Who：买给谁？

When：什么时候使用？

Where：在哪里使用？

How：是怎么了解到我们店铺／品牌／产品的？

(举例)

摄影写真店的店员可以这样问。

What：您需要拍摄什么样的写真照片？

Why：照片的用途是什么？是为了纪念还是为了商业宣传？

Who：拍照的对象是谁？是您自己还是您的家人或朋友？

When：什么时候拍摄？

Where：您想在哪个地点拍照？户外还是室内？

How：您是怎么了解到我们店的？

02_ 客户预算不明确，两招轻松化解难题

场景1 客户表示自己不专业，不知道预算定多少合适

普通说法　您预算不明确的话，我不好给您推荐。

进阶说法　确实，确定预算对不熟悉这个领域的人来说有些困难。我们可以根据您的需求，帮助您找到一款合适的产品。我先给您推荐这一款。以往跟我们签约的客户都是拿的这一款，他们的费用预算在×××到×××元。（或者可以说："一般来说，市场上这类产品的价格在×××到×××元。"）

这个预算范围内，性价比最高的就是这款产品！当然您如果不接受这个预算范围，其他价格区间内也有不错的产品。

场景2 客户不愿意透露预算

推荐说法

👤 您是担心我们知道您的预算以后，按照最高预算来给您推荐产品吗？

👤 确实有这方面的担心。

👤 这不是我们做生意的习惯，我们一定会按照您的需求来推荐产品，而且我们的产品不会轻易调价，我们还想以后继续跟您做生意！

技巧点拨

客户如果不愿意说出预算，或者还没有定预算，就不要纠结于预算本身，可以先按照客户需求或经验推荐产品，帮客户缩小选择范围。

03_ 客户提出多种不合理要求，如何处理

场景1 客户故意挑产品毛病

普通说法　您这些要求不合理，任何产品都做不到十全十美。

进阶说法　您说的这些我理解，虽然我们家产品已经有××年的历史，产品有口皆碑，也服务过像××、××、××这样的

大客户，但是坦白说，我也不敢确定产品一定适合您。毕竟我也不够了解您真实的需求和关注点，今天主要就是想跟您探讨一下，看我们有没有合作的可能性。如果没有，交个朋友也是可以的！

场景2 客户不了解产品

普通说法 您提的这个要求就很外行。

进阶说法 其实您说的这些也没错，因为我每天接触很多客户，很多客户跟您一样接触这个行业比较少，了解得不多，怕透露出自己的不专业被销售人员"坑"。但是在我们这儿您大可不必，您今天想要了解什么，我可以抛开品牌，给您一个客观的参考意见，您最终买不买，就看产品适不适合您。

技巧点拨

客户提出不合理要求，一般出于以下几个原因。

（1）对产品了解不够，不清楚自己的实际需求。

（2）希望通过讨价还价获得更多优惠。

（3）对市场或行业有误解或不了解，导致对产品的期望过高或不切实际。

销售人员需要与客户深入沟通，了解他们的实际需求和期望，根据情况向他们提供合适的解决方案。

- 合理降价：针对价格过高的问题，销售人员可以提供合理的价格，尽量满足客户的预算和需求。

- 说明产品的优点和局限性：向客户详细介绍产品的优点和局限性，让客户了解产品的实际功能和适用场景，避免期望过高或不切实际。

- 提供增值服务：向客户提供增值服务，比如技术支持、培训、免费安装、售后服务等，提高客户对产品的满意度和信任度。
- 推荐其他产品或方案：如果某种产品或方案无法满足客户的需求，销售人员可以向客户推荐其他产品或方案，以满足客户的需求。

举例

客户想买一款智能家居产品，要求其能完成多种复杂的任务，不需要安装或免安装费，最终价格比市场上同类产品低20%。

👤 这个产品的安装难度挺大的，您为什么不想用师傅安装呢？（了解客户不想用师傅安装的真实原因）

👤 我几年前买过，当时自己安装成功了，我自己可以装好，而且还可以省一点钱。

👤 那我知道了，您前几年买的产品应该是基础版，没有现在的产品这么智能，功能也没有这么丰富，所以安装很简单，是吧？

👤 是的。

👤 可是我们的产品做了5次升级，现在用的是进口材料，成本提高了很多，所以价格肯定比您之前买的基础版的高，而且功能也完善了，零件更精密，安装也复杂很多，专业的师傅也要花半小时才能安装好。这样吧，价格确实不能再低了，我们给您免费安装，也算是帮您省了一笔费用。（给出解决方案）

04_ 说服客户先体验，激发购买需求

场景1 试吃/用活动中，挖掘客户需求

普通说法 新品免费试吃，欢迎品尝！

进阶说法 试吃还有小礼物哦！耽误您一分钟配合我们做个小调研，做完送您一个小礼物，可以吗？（等待回答）这款现做糕点的口感很好，细腻又不粘牙。您平常喜欢吃什么水果？（等待回答）刚好这里有您喜欢的×××口味，您尝尝。（客户尝完之后）您觉得怎么样？要不要带一份走？

普通说法 欢迎进店，免费品尝。

进阶说法 这是我们店的热卖款，每个月卖×××件，口感非常好，细腻又不粘牙，都是现做的，有×种口味。现在进店可以免费品尝店内所有糕点，还可以参加半价活动（提出促销活动）。

(技巧点拨)

面包店的现做面包与便利店、超市售卖的量产面包相比，显然客户更喜欢新鲜、口感好的现做面包。销售人员可以举行试吃活动，将美味带给客户，并且一定要给客户一个试吃的理由。

普通说法 您可以体验一下。

进阶说法 您眼光真好，一来就看中了这一款，这是我们的新产品，最近卖得非常好。这边有样品，您可以过来看一下，体验一下相关功能，看这款产品是否适合您。

（技巧点拨）

客户体验了产品，发现产品确实不错，就可能购买产品。所以当客户已经对产品表现出了喜欢，销售人员要抓住机会引导客户去体验，并让客户说出感受，针对客户的反馈去推荐产品或介绍其他符合客户需求的产品。

（举例）

客户想买一台洗碗机。

买不买没关系，您试试看，这个功能用着顺不顺手呢？买东西就是要多试试、多对比才能买到最合适的。

场景2 **客户还没体验产品就准备走**

推荐说法

👤 看来您对这几款产品都不满意。您喜欢什么风格的，对颜色有没有什么要求呢？我帮您推荐合适的产品。

👤 我喜欢清新自然的风格。

👤 我明白了！您看这边，这几款产品您肯定喜欢。

（技巧点拨）

客户准备离开，不一定是因为产品都不喜欢，可能是因为他还没发现喜欢的，或者销售人员的推荐不合适。不要轻易就把客户"放走"，可以通过提问让客户感受到自己的需求被重视，然后向客户提供合适的产品，以激发客户的购买意愿。

第 4 章

介绍产品：
用对讲解法，
提升产品的竞争力

01_平铺直叙法：专业内容通俗表达，客户一听就明白

场景1 以高配手机为例

普通说法 我们这款手机用的芯片是麒麟9000，这个处理器采用了5nm制程工艺。

进阶说法 我们选用的是现在国内的高端芯片——麒麟9000，您在使用手机的时候会发现，相比于一些普通手机处理器，麒麟9000在运行大型应用程序和游戏时更流畅，联网速度更快。也就是说，您使用起来更流畅，不会出现卡顿。

场景2 以一款大功率吹风机为例

普通说法 这是高速吹风机，功率大，为2300W。

进阶说法 我们提升了这款吹风机的功率，因而风速更大。像您这样的中长发，三分钟就可以吹干，这样对头发的损伤也更小。

(技巧点拨)

产品的说明晦涩难懂，涉及很多专业知识，销售人员使用平铺直叙法，可将复杂概念简化成易于理解的语言。应尽量避免使用一大串的数字和深奥的术语，多说简单易懂的形容词，用语言营造接地气的生活化场景，与同类产品进行直观对比，等等。运用这些技巧，让客户更容易理解产品。

02_FABE 讲解法：逻辑清晰地讲解产品，勾起客户兴趣

　　普通说法　这个产品非常好，××、××、×× 功能都有。

　　进阶说法　这个产品因为有 ××× 特点（产品的特性），所以有 ××× 功能（产品特性的优点）；对您来说有 ××× 好处（带给客户的好处）；您可以看到这是很多客户使用后的效果，从一开始 ×××× 到现在 ××××，变化很大，效果很明显（用案例证明）。

　　以上产品介绍用的就是 FABE 讲解法：

F（Features）	产品的特性；
A（Advantages）	产品特性的优点；
B（Benefits）	带给客户的好处；
E（Evidences）	用案例证明。

⊛举⊛例

以智能手表为例。

　　这款智能手表可以监测心率和睡眠状态，还支持选择多种运动模式（特性）；这样就可以在不同的运动模式下监测您的健康状况（优点）；您每天佩戴它，可以随时了解身体情况，也方便您及时发现健康问题、提高生活质量，您可以尽情享受运动带给您的乐趣（好处）。之前有一位客户，跟您一样，也是"上班族"，经常熬夜，感觉心率过高，医生建议多休息。

他后来每天戴着这款手表，心率过高时，这款手表就会提示他合理锻炼、多多休息，他现在没有出现过隔三岔五去医院复查的情况（证明）。

技巧点拨

FABE 讲解法结构清晰、重点突出、以客户为导向，从而具有说服力，将客户的实际需求和价值联系起来，让客户更容易理解产品对自己的帮助和价值。

03_QSSST 讲解法：深挖核心卖点，树立挑选标准

普通说法　我先跟您介绍一下产品：1.×××××××，2.××× ××××，3.×××××××。这些就是我们产品全部的优势和特点。

进阶说法　在跟您介绍产品前我想了解一下，您之前看过类似的产品吗？（提问）那我就补充几点您可能不清楚的。您在挑选这类产品的时候有几点一定要注意：第一，……（树立标准）之前有些客户有同样的 ×××× 问题，使用我们的产品解决了，最近又来复购了。（讲故事）这个产品除了可以帮您××××，最重要的是可以帮您解决 ×××× 问题。（讲卖点）

您如果还是犹豫，不如现在就试一下，看看是不是真的。（用案例证明）

以上产品介绍用的就是 QSSST 讲解法：

Q（Question）　　提问；

S（Standard）　　树立标准；

S（Story）　　　　讲故事；

S（Strength）　　 讲卖点；

T（Testify）　　　用案例证明。

(举)(例)

客户看中了一款智能耳机，不知道适不适合自己。

👤 您平常什么时候戴耳机比较多呢？（提问）

👤 户外运动的时候。

👤 那您看的这款智能耳机就很适合您。这款智能耳机除了音质好和外观设计酷炫外，还有智能降噪技术和智能语音助手这两个功能，在运动、旅途和通话中使用很方便。（树立标准）有一个喜欢户外跑的客户，就经常因为外界噪声没办法专心跑步，然后买了这款智能耳机，上次回家忘带了，昨天又来买了一副。（讲故事）这款智能耳机最厉害的就是智能语音助手功能，您可以通过简单的语音指令来控制音乐播放、通话，不需要手动操作，使用更便捷。（讲卖点）有个户外跑的群，那个群主买的就是我们家的耳机，他用了觉得不错，现在基本上整个群的群友都是用的我们家耳机。（用案例证明）

(技巧点拨)

QSSST 讲解法可以针对不同的产品特点，深入介绍其核心卖点和特点，并通过故事和案例来证明产品的效果和可行性，让客户更加深入地了解产品，从而提高产品的吸引力和激发客户的购买欲望。

04_PAPP 讲解法：从痛点入手，引出产品核心卖点

场景 客户看中了一款橱柜台面

普通说法 我们橱柜台面比一般商家卖的要厚实。

进阶说法 现在橱柜的台面看起来差不多，但是有的很容易断裂，您知道为什么吗？（指出痛点）因为台面太薄。（分析原因）我们是非常注重细节的，我们产品的台面厚度为20mm，长久使用都不易断裂。（解决方案）您看一下，我用锤子这么用力打击台面，台面都没问题，您再看我们的台面小样品，是不是要比其他的厚一些？（演示证明）

以上产品介绍用的就是 PAPP 讲解法：

P（Pain Point） 指出痛点；

A（Analytics） 分析原因；

P（Plan） 解决方案；

P（Proof） 演示证明。

举例

以衣柜背板为例。

👤 衣柜的背板很不起眼，其实很容易受潮发霉，您知道为什么吗？（指出痛点）

👤 不知道，是什么原因呢？

👤 因为背板打钉贴墙。（分析原因）我们是非常注重细节的，所有背板都采用卡槽式安装，不打钉、不贴墙，背板离墙面的距离为8mm，通风良好，不会受潮。（解决方案）您可以敲一下听听声音，看看是不是跟我说的一样？（演示证明）

（技巧点拨）

PAPP讲解法，先指出痛点吸引客户的注意力，然后将产品的卖点与客户的需求对接起来，更加精准地讲解产品的优势和卖点，从而让客户更容易接受和认可，这有利于提高销售效率和成功率。

05_BPS讲解法：将客户代入使用场景，使客户立刻心动

场景 客户家里有垃圾桶，犹豫是否有必要买垃圾处理器

普通说法 现在大家都喜欢用垃圾处理器。

进阶说法 姐，平常我们在家洗碗的时候，都会有些剩菜剩饭对吧？（代入场景）一旦剩菜剩饭堵塞下水管就会特别麻烦，像我家下水管有一次被剩菜堵了，大半夜水排不下去，叫了维修师傅才解决，折腾了好久，导致我现在都害怕洗碗了。（指出痛点）我们这款水槽下面安装了垃圾处理器，可以很好

地解决这个烦恼，我给您演示一下。（给出解决方案）

以上产品介绍用的就是 BPS 讲解法：

B（Background）　　代入场景；

P（Pain Point）　　指出痛点；

S（Solution）　　　给出解决方案。

（举）例①

以碗碟拉篮为例。

👤 姐，您平常做饭多吗？（代入场景）

👤 家里都是我做饭。

👤 您有没有发现每次炒菜前，都要在台面备个菜碟，不然就要急匆匆跑几步过去拉开抽屉拿菜碟，非常不方便。（指出痛点）

👤 确实是这样，每次都手忙脚乱。

👤 我们在灶台下方设计了一个碗碟拉篮，可以很好地解决这个问题。（给出解决方案）

（举）例②

以智能感应梳妆台为例。

👩 您平常会上晚班吗？（代入场景）

👤 偶尔会上晚班。

👩 您有没有发现回家的时候家人都已经睡觉了，而您洗澡、贴面膜很不方便，因为不敢开灯，担心影响家人睡眠。（指出

痛点）我们这款智能感应的梳妆台特别人性化，只要您坐下来，它就自动亮灯。（给出解决方案）

 技巧点拨

BPS讲解法直接描述一个真实的使用场景，让客户感到被关注和被理解，引起客户的共鸣，引导客户从自身痛点出发，从而更容易接受并理解所提供的解决方案。

第 5 章

突出卖点：

巧用对比，讲解优势，
让客户感觉物有所值

01_ 核心卖点：突出核心卖点，让客户难以忽视

方法1 切割卖点法

客户试了一款衬衣，询问销售人员的看法。

<u>普通说法</u>

👤 你感觉怎么样？

👤 好看。

（"好看"不能用来描述卖点，所有店的销售人员都会这样回答）

<u>进阶说法</u>

👤 怎么样？

👤 我觉得非常适合您。首先，这件衬衣是黑色的，黑色给人以大方稳重的感觉，非常适合商务场合，显得人很沉稳；其次，这款衬衣的面料是×××，洗完后不用熨烫，也不会有褶皱，这样您每次出门穿这件衬衣就会很方便；最后，这件衬衣比较百搭，完全不挑外套和裤子。

话术公式	肯定客户＋切割卖点＋针对性地突出卖点

（技巧点拨）

销售人员需要将产品的核心卖点切割为几个，根据客户需求确定产品的核心卖点。核心卖点通常是产品与其他竞品不同的地方，是吸引客户的主要原因。销售人员需要将产品的核心卖点与客户需求相匹配，直接把产品与客户需求挂钩。

方法 2 一句话表达核心卖点法

运用数字。

- 我们的饮料保证零糖零脂零卡。

- 我们的酱油，晒足了 180 天！

- 这款手机充电 5 分钟通话 2 小时！

运用热点词语。

- 我们生产的都是符合强制性国家标准的口罩。

- 这款奶粉更适合中国宝宝体质。

02_ 塑造价值：附加价值同样亮眼，让客户听了就想买

场景 1 客户想要健身，但是欲望没有那么强烈

普通说法 这款无绳跳绳，您坚持使用、坚持锻炼，健身效果很明显！

进阶说法 按照您现在的状态，用这款无绳跳绳，再坚持两三个月就可以减掉肚子上的赘肉。腹部线条出来以后，穿各种衣服都好看。

场景 2 客户是"上班族"，想买一台全身按摩椅

普通说法 每天用这台全身按摩椅按摩，可以促进血液循环。

进阶说法 您每天上班那么累，下班以后就躺着按摩半个小时，能缓解疲劳。所有的模式都是设置好的，直接点击按钮

就能使用。坚持一段时间后，您的睡眠质量也会提高，精神会更好，到时候您会发现干什么都神清气爽！

(技巧点拨)

突出产品的附加价值和潜在好处，让客户感受到购买产品的价值，认为这款产品的回报非常高，值得投资，从而愿意购买。

03_ 提供赠品：强调赠品独特性，让客户感觉物超所值

<u>普通说法</u>　这个赠品是送您的。

<u>进阶说法</u>　这个赠品是您购物以后送给您的，您别看它是送的，这套赠品是×××（独特性），绝对不会撞款，光是成本就要×××元，您放在家里可以作为一个高级装饰品。现在只剩下最后几个了，送完就没有了，想买都买不到。

(举例)

客户买了一瓶面霜，销售人员送了 3 片面膜。

您买的这款面霜是我们店的畅销产品，这几片面膜是送给您的，卖的话也是×× 元一片，我看您刚好是干皮，送您几片试用一下。因为售价在这里，我也不能多送，您使用后如果觉得好用，后续可以找我买，我给您优惠。

突出赠品的独特性，提高客户的满足感。

04_ 对比同行：通过对比展示优势，获得客户的认同

普通说法 我们这是名牌，同行不能比的。

进阶说法 其实说句真心话，同行业产品的配置（功能）差异并不大。但是我们的老客户都愿意选择我们品牌，是因为我们的产品采用××材料，这种材料的优势是×××。

举例①

以一款高端化妆品为例。

我们的产品使用的是高品质原料，相比其他品牌产品更加纯净、安全，更能给您的肌肤带来持久的滋润和舒适的体验。

举例②

以一款智能家居产品为例。

我们的智能家居产品相比其他同价格的产品，不仅可以随时随地遥控，还可以匹配您的生活习惯，让您的居家生活更加便捷和舒适，真正做到了让技术为生活服务。

举例③

以一款耳机为例。

我们的耳机采用了最新的降噪技术，不仅可以有效隔绝噪声干扰，还能保证较高的音质，让您享受更加真实的音乐体验。

注意事项

与竞争对手比较时要注意以下两点。

（1）不贬低竞争对手：一说到竞争对手就说别人不好，客户会认为你心虚或产品品质有问题；你不切实际地贬低竞争对手，只会让客户觉得你不可信赖。

（2）强调独特卖点：独特卖点就是只有你有而竞争对手不具备的独特优势，在介绍产品时突出并强调这些独特卖点的重要性，能提高销售成功率。

05_信任背书：以名人举例，让客户放心下单

普通说法　我们这款产品，一年卖 ×××件。

进阶说法　×××、×××（人名），都用的同款产品／他们带火了这款产品／他们在 ×× 活动上就用的这款产品！我们一个月 ×××件还不够卖的，每天都在加库存。

（举例）

以一款联名卫衣为例。

××、×××（艺人姓名）在综艺节目里穿过这款联名卫衣，然后带火了它。前段时间卖断货，所有的线下店都买不到，我们最近才补到货，很多店现在还没货呢。

（技巧点拨）

名人通常拥有广泛的影响力，他们的背书可以让更多的人了解产品，增加产品的知名度。而且名人的认可和推荐可以增加产品的可信度，让客户更容易相信产品的质量，从而购买，提高销售额。

第 6 章

消除顾虑：

解答客户疑问，
扫清购买障碍

01_ 客户担心产品的使用效果不佳，如何给出承诺

普通说法

- 您放心，我们的产品采用 ××× 成分，肯定好用。
- 您放心，我们的产品质量有保障，完全没有问题。

（打包票只会使客户心生更多顾虑，甚至埋下纠纷隐患）

场景1 客户曾经买到没有效果的产品，因此有顾虑

进阶说法

我特别能理解您。因为我作为业内人士，知道有些同行会使用 ××× 成分来压缩成本。有些同行没有给您具体的产品使用说明，让您的体验效果大打折扣。我们这边有专业的检测认证，也会为您提供一对一的产品使用指导。您想达到什么样的效果呢？和我说一说，我一定尽全力为您办到！

话术公式	理解客户的顾虑 + 解释为何同类型产品没有达到预期效果 + 提供解决方法 + 做出承诺

场景2 客户没有使用过类似产品，第一次购买时有顾虑

进阶说法

王总，我很理解您的担心，每个人买新东西时都会担心不好用、白花钱。我们会为您提供一对一的使用指导，让您获得理想的使用效果，使用过程中您可以随时向我们询问。您如果

还担心，可以看看我们另一位客户，他第一次购买前也有同样的顾虑，现在已经成为我们的老客户了。而且使用之后，如果您不满意，我们有相应的售后服务。

话术公式	理解客户的顾虑 + 提供针对性的指导服务 + 举例 + 售后服务

技巧点拨

如果客户担心产品效果不好，销售人员可以先通过聊天了解客户担心的原因，再针对性地处理。

场景3 客户购买护肤品等直接用于身体的产品时，担心产生副作用

进阶说法

👤（表示理解）看得出来您是一位很理智的客人，您的担心是很正常的。我觉得您可以了解一下自己的身体状况，不同的身体状况对应不同的使用方法，只要按照方法来，您不用担心会产生危害。

👤 那我要怎么了解自己的身体状况呢？

👤 如果您愿意，我可以为您做一次身体状况分析，以便"对症下药"。其他与您有类似顾虑的客户在我们这里都获得了良好的使用体验。另外，我们的产品是通过了国家专业机构检测的，品质是有专业保障的。相信在我们的专业分析、专业调理下，您的担心都会慢慢消除。

| 话术公式 | 理解客户的顾虑 + 提供解决方法 + 展示资格认证 |

场景4　客户担心产品达不到想要的效果

进阶说法

👤　您的担心我理解，那您可以跟我说说您想要达到什么效果吗？

👤　（回答问题）

👤　我明白了，我有信心该款产品可以达到您的预期效果！但是要想取得好的效果，您一定要配合，效果的取得是靠我们双方努力的。我们已经服务了×××位客户，大部分配合并坚持下来的客户都取得了预期效果。您应该可以配合的，对吧？

技巧点拨

这样回答可以让客户感受到销售人员对产品充满信心，同时也展示了销售人员对客户的尊重和关注，为客户提供了保障和安全感。另外，告知客户取得好效果的前提，可以规避后期可能出现的纠纷。

02_ 客户担心不是正品，怎么说让客户有安全感

普通说法

● 您放心，我们的产品是正品，很多人买，从来没有人提

出问题。假一赔十哦！

- 王总，我们的产品都有正规发票。如果有疑虑，您可以看一下。

场景1 客人因为产品质量而担心不是正品

进阶说法

🤵 姐，很理解您的想法，现在假货真的太多了。就算我说我们的产品是真的，假一赔十，或者给您看可以查到的检测证明，您可能也不会相信，那只能让您先了解我们的产品。

🤵 就怕你"报喜不报忧"，只说好的。

🤵 姐，您可以亲自体验。我们这里有一些样品，您可以直接尝试一下。能不能感受到它的质感？相信您能感受到它不是粗制滥造的假货。我们的产品都使用 ×××（原材料），您一体验就知道是不是正品。

话术公式	理解客户的顾虑＋基本保证（假一赔十、正品证明等）＋让客户试用＋引导客户感受产品质量＋解释说明

技巧点拨

此话术适用于看得见、摸得着的产品。使用该话术时一定要准备相应的试用品，并用话语引导客户感受产品质量。

场景2　客户因为产品价格而担心不是正品

进阶说法

👤 理解，您担心产品不是正品，肯定是看我们的售价比橱窗正品便宜。其实我们做品牌特卖、清仓特卖，都会遇到这种两难问题。如果产品卖贵了，您肯定不会买；但如果我们卖得太便宜，您又会担心这是假货。（用接地气的话打动客户）

👤 好像是这样的。

👤 我现在卖给您的产品，它来源于××商城，正在清仓特卖，不考虑盈利。如果您还是担心是假货，我们也有证书可以证明。

话术公式	理解客户的顾虑＋解释产品售价为什么低＋给出证明

(技巧点拨)

此技巧主要适用于特价正品，需要提前了解产品来源和低价原因。

其他话术

- （幽默诙谐型）姐，如果您买到假货，我们老板还得感谢您！我们的产品都是从正规的指定公司进的，您要是发现了假货，我们就可以找公司索赔了，获赔几十万元，我们老板肯定要请您吃饭！

- （后续反馈型）我们保证假一赔十，也给您看了正品认证单。当然如果您还有些疑虑，就和我保持联系，后续使用过程中一发现产品是假货，您立刻找我，我们随时补偿！

- （真诚交心型）如果我卖给您假货，那您以后肯定不会再来找我买东西了，对不对？失去像您这样的客户，对我来说是很大的损失。

03_ 客户认为价格太高，如何证明物有所值

普通说法　王总，一分钱一分货，我们的产品和其他产品质量是不一样的，肯定物有所值！

方法 1　利用产品质量回应客户的质疑

进阶说法

👤 王总，其实不止您会这样说，很多不了解我们行业的客户都会这样说。我们的产品采用 ×××（高价值的工艺、材料等），并且为了保证质量，还配备了 ×××（其他高价值功能、服务等），都是为了能给客户提供最好的体验。您试用一次，就能直接感受到它的质量。

👤 行，我试试。

👤 （在客户试用过程中补充）我们买东西最看重的还是物有所值，否则即使花一分钱都是浪费。我做销售这么多年，靠的就是回头客，您用一次，要还是觉得不值得，我都没脸做您的生意了。

方法 2　展示产品销售数据回应质疑

进阶说法

王总，我们的产品确实比较贵，但我可以给您看我们的销售数据，客户都是对比了其他产品之后才选择了我们的产品，这也能说明我们产品是值得购买的。这样，我给您做一个详细的分析，介绍清楚我们产品贵在哪里，也便于您做选择。

方法 3　利用与其他产品的对比情况回应质疑

进阶说法

王总，一看您就是细心的人，市面上确实有不少同类产品，我们也发现了。乍一看这些产品都差不多，不过您细看会发现原料、成分、工艺方面的差别还是挺大的。您这么细心一定也留意到了，我给您一些数据，您做个参考。

话术公式	理解质疑 + 展示产品特点 / 提供数据参考

技巧点拨

客户质疑，表明他正在对不同产品进行比价，此时一定要证明自己产品的差异性、独特性。

方法 4　用"加""减""乘""除"四大技巧塑造产品价值

"加"好处：告诉客户购买产品的同时还能得到更多附加福利。

（举例）

这款洗发水有点儿贵，但花钱不只能得到该产品，我们还会为您提供一对一的发质分析服务。

"减"成本：告诉客户产品研发投入了许多成本，让客户意识到你们赚得根本不多。

（举例）

我们的产品为什么贵？因为我们研发投入多，材料用得好，总共的成本就有×××元。所以虽然您看到现在价格是×××元，但我们赚得其实并不多。

"乘"收益：让客户意识到这款产品能为自己带来巨大收益。

（举例）

这套设备虽然卖 10 万元，但它一年就能给您省 30 万元的成本！

"除"时间：按时间核算，摊薄成本。

（举例）

这套设备虽然卖 2 万元，但十年内都能保持高效稳定的运转。出现任何问题，我们都有专业的团队为您提供售后服务。算下来，您一个月就投入了 100 多元。

其他话术

- （利用从众心理）您说得对，贵是贵了点，但您的同行都选择了这套方案。

- （赞美客户）王总，我懂您，您不是哪家便宜选哪家，是相信谁家选谁家。所以我们一定会交付给您一款保质保量的产品。

- （强调产品功能）我也觉得有些贵，但是像您这么有气质的客人，就应该拥有这样与您气质相符的产品。而且高端产品的功能强、配置好、服务好，不仅好用，还省心，这样折算下来，反而能够为您省下更多钱，您说值不值。

04_ 同类产品多，客户有选择困难，如何争取客户

👤 你的产品和另外一家的质量差不多，价格也差不多，没什么明显竞争力。如果你再便宜一点，我就在你这里购买。

普通说法

👤 王总，市面上这类产品都是这个价格，产品价格确实降不了。

进阶说法

👤 王总，我们两家的产品确实相差不大，而且大家都想抢单，所以价格上都没有保留。现在不光是他们的价格降不了，您想让我再给您优惠一点，我也做不到，这是事实。

👤 那怎么办？

（提供好处）王总，我是个记情的人，如果在差不多的情况下，您选择我，这份情我记在心里。不用您说，我会主动把配件和辅料帮您升级一下，后续的服务我也会交代好，这样让您也放心一些。

（技巧点拨）

如果价格降不了，同行产品的价格同样降不了，那就在其他方面为客户提供好处。

05_ 客户担心特价商品有隐患，如何让客户安心购买

场景1 客户询问商品特价的原因

推荐说法

这商品为什么特价卖啊？

我理解您的顾虑。今天是我们的周年庆（节日活动、清仓活动等），特价销售是我们为答谢客户准备的优惠活动，您可以放心购买。当然，每款商品每人限购一个，您看现在已经剩下不多了，赶快去挑选吧！

| 话术公式 | 理解客户的顾虑 + 说明特价原因 + 强调产品稀缺性 |

（技巧点拨）

如果是专门做的特价活动，一定要让客户意识到产品质量有保

障、特价机会难得，从而刺激消费。

场景2　客户担心特价商品有质量问题

普通说法

质量不会有问题。特价商品和非特价商品都是同一个厂家的，您就放心购买吧！

进阶说法

● 女士，您有这样的担心我很理解，不过您放心，无论什么价位的商品都是正规公司生产的，质量都有保障，而且您后期享受的服务也是一样的。如果不放心，我可以给您联系方式，出现质量问题我们是包退换的。

● 您这个问题问得非常好，我们有些客户也有过类似的顾虑。不过我可以拍着胸脯负责任地告诉您，不管是正价还是特价，商品都是同一品牌、同一质量的，提供给您的质量证明也是一样的。

话术公式	理解客户的顾虑 + 保证质量

其他话术

● （贵宾服务型）您这样想我很理解，需要说明的是，打折的同时，服务和质量并不会有所影响。您买了我们的商品就是我们的贵宾，享受的售后服务都是一样的。您完全可以放心！

● （诚恳承诺型）您觉得特价商品存在偷工减料的质量问题，这一问题在行业确实存在，所以我很理解您的担心。不过我可以负责任地告诉您，我们品牌非常看重口碑，绝不会做自砸招牌的事情。

- （真诚袒露型）是这样的，这个商品确实是样品，存在一定瑕疵，所以选择特价出售。但它同样是厂家生产的正规产品，不存在偷工减料问题。

06_ 客户的朋友不建议买，怎么说服

<u>普通说法</u>　这款卖得挺好的，两位要不要再看看？

<u>进阶说法</u>　这位女士，您不仅精通这方面的知识，还对您朋友非常用心，能带上您这样的朋友来买东西真的是太好了。请教一下，您觉得还有哪些方面不太合适呢？我们可以交换一下看法，一起帮您的朋友挑选到真正适合她的产品。

话术公式	夸赞朋友能力 + 请求进一步沟通

（技巧点拨）

用亲切的话语表明自己为客户着想，相当于和客户的朋友站在了同一个立场，这样迅速拉近距离，更有利于促成交易。

*07_* 客户担心产品过季，怎么说服客户购买

场景 1 **当客户在换季时购买季节性的商品**

　　推荐说法　女士，我们这款服装确实有很强的季节性，需要根据天气搭配。虽然马上就要到冬季了，但是您看这款秋装的料子，完全适合初冬，这款秋装能穿很久。而且换季时，我们品牌都会有相应的优惠折扣，真的非常划算。

话术公式	理解客户的顾虑 + 解释说明 + 提供福利

场景 2 **当客户担心淡季订货会吃亏**

　　推荐说法　王总，您说得对，现在的确是这样一个时期，如果您现在订货，一定提供给您最低的价格、最好的服务。您在犹豫的时候，您的同行也在犹豫。但是如果您用逆向思维，同行不做您现在做，您会享受到诸多好处，比如……

话术公式	提供淡季成交的优惠 + 讲明成交后未来的收益

*08_* 客户说预算不够，怎样解决

　　普通说法

　　那您要不要看一下这款更便宜的？

　　（价格高的产品，客户不愿意多花钱；价格低的产品，客户又看不上）

进阶说法 1

● 王总，我卖这款产品已经 6 年了，说预算不够的客户太多了，我知道这不是主要原因，您一定遇到了其他问题又不好直接说。如果您在选择时有什么问题，可以告诉我，我可以给您提供更多建议。

● 姐，控制预算是好事，说明您精打细算，会过日子。不过新房装修很难不超预算，您可以先了解一下不同价格的产品效果有什么差异。这样就算您不定我们家的，也能知道如何比较行情。

话术公式	理解顾虑 + 引导进一步交流

（技巧点拨）

不要放弃沟通，最重要的是引导客户与你继续交流，借此找到机会发掘客户的需求与痛点，并满足客户的需求。

进阶说法 2

👤 王总，大家买东西都想控制开销，您说超预算我是理解的。毕竟这个单子金额不小，竞争也大，我也怕丢单，所以我是不敢瞎报价的。其实目前市场上同级别的品牌产品价格相差真的不会太大。我这里的产品性价比还算高，您在我这儿都超了预算，估计您购买其他品牌的产品，会超预算更多。

👤 （客户可能这样说）那我买不了。

👤 您别急，我还有些建议供您参考。

👤 （客户可能这样说）你说的是真的假的？

👤 王总，我做销售这么多年了，宁愿少一单都不会骗人。我有些建议，您可以参考一下。

👤 （客户不说话）

👤 现在要解决这个问题，我有两个建议：要么您再调整一下自己的购买方案，说不定能控制一下开销；要么多花点钱，但花钱花得值，也不是坏事。我想帮您，但是您得自己先拿个主意。

（技巧点拨）

客户对行业不了解，有些预算是有问题的，销售人员可以引导客户做出调整，最终解决预算问题。

09_ 客户只想随便看看，怎么让客户放下戒备

普通说法

款式这么多，想买一件称心的衣服确实要好好儿挑选。我可以给您提供一些专业的参考意见，您要不要考虑一下？

进阶说法 1

（第一步：主动后退三步，与客户保持相对安全的距离，

让客户有自由的空间）您可以慢慢看有没有喜欢的，我就在附近，您可以随时叫我。

（第二步：假装忙自己的事情，避免紧盯客户，让客户彻底放松）

（第三步：闲聊破冰，初步取得客户的好感）您的发型很好看，很配您的脸型／今天天气挺好等。

（第四步：当客户驻足观察某个产品，或走到您想给他推荐的产品时介绍）我看您对这款产品很感兴趣，如果您需要我可以给您介绍一下。

进阶说法2

（第一步：制造第一次见面机会）您随便看，有需要叫我。

（第二步：制造第二次见面机会）外边冷，进来喝杯热茶暖和一下。

（第三步：制造第三次见面机会）姐，刚刚您从我们店经过的时候，我就看到了您红色的呢子外套，您看着很有气质。我们店里有一款新品，和您的气质特别搭，您应该能穿出这件衣服的感觉。既然来了，要不要试试？

其他话术

- （主动介绍自己）没问题，您先看，想了解哪一款您就喊我，我对家装还是很在行的。

- （消除客户对体验产品的顾虑）您随意看，买不买都行。

- （提供建议）买东西，就是要多比一比、逛一逛。如果您今天逛累了，可以在我们店铺的休息区稍作休息，比起您买不买衣服；我们更希望您能够对我们的品牌和服务多一点了解。

（技巧点拨）

销售人员对"只想随便看看"的客户需要耐心，避免引起客户反感；尊重客户不想被打扰的想法，让客户感到被关注和重视；提供承诺，增强客户对自己的信任。

10_ 客户说"你们的套路我都知道"，如何消除客户反感

推荐说法1

大哥，太感谢您了，从来没有哪个客户对我这么真诚，您这么直接地指出我做得不好的地方，证明您是个很爽快的性情中人。我以前一直不知道，为什么有些客户聊着聊着就不回我消息了，今天您一说，我才知道是自己的沟通方式有问题。

推荐说法2

王总，您这么直截了当地说出来，我其实很感激。说实在的，您也知道我们这个职业就靠业绩赚点辛苦钱，所以很多时候可能显得目的性太强，给您不太好的感觉我很抱歉。所以想请教您一下，您觉得我哪些地方不真诚，我怎么优化一下，您会感觉更好一些呢？

推荐说法3

非常抱歉给了您不好的体验。我是基于每个客户的需求和

情况推荐产品的，我问您这些问题，只是想在这个过程中深入了解您的具体需求，为您提供最合适的解决方案。我在这个行业工作了××年，可能显得像"老油条"，但想给您建议的心是真诚的。还请您多多担待。

话术公式	感谢客户＋表达歉意＋引导进一步沟通

推荐说法4

👤 您说的套路在行业里肯定是存在的。我一个人虽然代表不了整个行业，但可以代表我自己对您说，今天您买不买东西都没关系，但我一定要告诉您什么是真正的套路。

👤 你说？

👤 如果您背包坏了刚好想换个新的，对方却给了您一个高仿包，这个叫套路。您来我这里消费，给了我2000元，而我给了您价值2000元的服务，或更多的服务，甚至还能给您提供我多年的专业经验，这就不能叫套路了。现在我只想给您真正的服务、真诚的交易。套路只会妨碍我们进行沟通，对吗？

👤 你现在这话就挺套路的！

👤 姐，那我抛开天花乱坠的话术，好好儿聊产品，您说，我答，可以吗？

👤 好吧，我们先聊聊。

👤 谢谢姐这么信任我。我们现在只聊产品，不玩套路。

话术公式	肯定客户＋表达真诚交流的意愿＋否定自己玩套路

技巧点拨

当客户说出这样的话时，可能是因为他们已经接触过太多的销售人员，感到很疲惫；也可能是因为之前的销售人员使用了一些不诚实的手段，使得客户对此类话术产生了负面印象。在这种情况下，你需要采取以下措施以获取客户的信任。

（1）坦诚相待。与客户交流时，坦诚相待，避免使用虚假的承诺或夸张的言辞。如果客户发现你是一个诚实、直率的人，他就更可能信任你。

（2）关注客户需求。认真倾听客户的需求，并根据客户的具体情况提供专业的建议和服务。客户如果感到你很关注他的需求，就会更愿意相信你。

（3）展示专业能力。展示你的专业能力，例如提供详细的解决方案或证明你的产品或服务的质量高。客户如果看到你的专业能力，就会更倾向于信任你。

（4）提供参考。提供客户可以查阅的参考资料或案例，可以让客户更好地了解你的产品或服务，并了解你已经在该领域做了多少工作。

举例

👤 您想要买什么配置的手机？之前有看过吗？我帮您推荐一下。

👤 你们的套路我都知道。你就会推荐最贵的，你赚得多嘛！

👤 我问您这些问题，其实是想结合您的需求推荐最适合的手机给您。每个人需求不一样，有的喜欢拍照，要内存大，像素高的，就需要配置更好的；有的只打电话，低配置就行。您也有自己的需求对吧？（适当反问）

👤 那倒是。

👤 我这家店开了 8 年了，我从来不给客户推荐贵的，只推荐对的，而且品牌价格都是统一的，线下店主靠的就是服务，这家店就是靠服务开了这么多年。

11_ 客户没购买就离店，如何跟进

推荐说法1

（先把客户看过的产品拍照，发送给离店的客户）

👤 王总，这是您刚看的所有产品，现在发给您，方便您做对比。

👤 （意愿不高）我有空看看。

👤 好的王总，虽然很希望能和您达成这次合作，但这也取决于您自己的意愿。我们店开了 6 年，产品口碑不算差，回头客也挺多的。价格虽然是关键，但是服务和品质更加重要。祝王总这次能选上自己喜欢的产品。

👤 （犹犹豫豫）现在还下不了主意。

👤 资料给您，您随时比对。对比产品时有不清楚的地方，可以随时找我！

推荐说法2

👤 王总，我说句实话，干我们这一行的都知道客户第一次进店很难定下来，因为大家都想再转转、再看看，这很正常。但是我觉得我们家的东西您也是能看上的，对吧？

👤（肯定质量）看还是看得上的。

👤 得到您的肯定，我是万分高兴的。我知道您今天没下单，估计在价格方面有所顾虑。

👤（质疑质量）不太确定……

👤 我懂了，王总，可能是有其他家的产品更合您的心意。货比三家也非常正常。

👤 您看这样吧，我也是想多签单，如果您在别家谈到了更好的条件，您能不能告诉我，我好跟老板请求。万一我这边给到更优惠的价格、更多的福利，您也能享受到实惠，我也能多签单。

话术公式	真诚利他＋表露私心＋取得信任

销售人员卖的不只是产品，还是自己和客户之间的关系。不担心客户货比三家，亲切地用贴心话打动客户，让客户多考虑你推荐的产品。

第 7 章

促成交易：

关键时刻说对话，
客户付钱不犹豫

01_ 客户犹豫不决，如何帮他下决心

场景1 客户犹豫不定的原因不明确

推荐说法

👤 我再考虑考虑。

👤 王总，选产品就要像您一样慎重。我们卖产品这么多年了，各种情况都见过。您要是能定下来自然是好的，就算暂时定不下来，也可以告诉我您的顾虑是什么，也许我能帮您消除顾虑。您的顾虑是产品方面的，还是价格方面的呢？

👤 （客户可能这样说）我对你们的产品质量还有疑虑。

👤 那太好办了，王总，我们最不心虚的就是产品质量。您给我一点时间，让我给您展示，保证能让您满意！

👤 （客户可能这样说）是价格的问题。价格不能再低点儿吗？

👤 您看了这么多家，还在考虑，真的就是图便宜吗？如果是，您也不会和我聊到现在。您在价格上犹豫，还是担心买的东西不值这个钱，是吧？这个产品按照这个价格给您，可以说是同价位里的最好的产品了。

📢 技巧点拨

通过"是××方面的（原因），还是××方面的（原因）"的问话，引导客户明确自己犹豫的原因，从而"对症下药"。

推荐说法

👤 王姐，我都不好意思再联系您了，我们都已经沟通几个月了。您还没有定下来，是不是有其他品牌在挖我们的墙脚呢？

👤（客户可能这样说）那倒没有，我在犹豫。

👤 我确实很担心您被其他人挖走了。这样，咱们都是爽快人，如果您有什么顾虑，直截了当地告诉我，我一定竭尽所能为您解决。

👤（客户可能这样说）我有更好的选择了。

👤 原来是这样啊。如果说您已经选择了别人，我们会衷心祝福您，我也不用每天给您发信息了。如果您对我们有什么顾虑，请一定直截了当地告诉我，我们也能当作产品改进的参考。当然要是这些顾虑我们都能解决，还是希望您支持我们，我也会尽量为您申请别人拿不到的优惠和福利。

话术公式	真诚沟通 + 询问原因 + 提供服务

（技巧点拨）

用坦诚的态度让客户也坦诚，找到问题并予以解决。

场景3　客户对比三家后犹豫不决

推荐说法

👤 王哥，您好，我是×××，我知道您对比、挑选产品肯定需要时间，我今天打这个电话，要是唐突了还请您多包涵。

👤 没事，理解。

👤 感谢王哥，您为人真的很好，特别真诚。那这样，我也回您一份诚意。我知道您一直在对比，如果您已经不考虑我们的产品了，您直说，我安静地退出就可以了。如果您认可我们的产品，那您觉得离我们愉快合作还差点什么，您给句话，我再去努力。

👤 我的确不知道选哪家好。

👤 我知道做选择的时候很纠结。选择少还好，选择多了反倒不知道哪家最合适。站在专业的角度，我得给王哥您说点实在的。根据我们一起探讨的情况，您现在考虑的这几家都能解决问题，您选哪家其实都是正确的选择。不过，我这人记恩记情，如果您选择我，我一定用心回报您。您的亲朋好友，只要报王哥您的名字，我一定尽力接待，给最优惠的价格。这次我就厚着脸皮请您支持一下我的工作！

话术公式	语气温和＋尊重立场＋迂回委婉＋服务保障

技巧点拨

面对选择对象多的客户，可以抓住时机打感情牌。

场景 4　客户纠结产品的选择

● 产品可以二选一时。

普通说法　您拿黑色这款吧，我觉得这款挺好的。

进阶说法　这两款机械键盘的价格差不多，白色这款手感好，但按键时噪声较大，适合在家里使用；黑色这款噪声小一些，适合在公共场合使用，以免噪声太大影响到其他人。您打算在什么场合使用呢？

● 产品可以组合购买时。

普通说法　两款都带走吧！

进阶说法　这两个杯子都不错，玻璃杯表面光滑，美观、易清洗，但隔热性不好，适合用来喝冷饮。陶瓷杯更耐高温，保温性更强，适合用来喝热茶。两款产品功能比较互补，您要是喜欢可以都带走，买两件我还可以申请给您打个折，您看怎么样呢？

（技巧点拨）

不要替客户做决定，可以询问客户在什么场景使用，分析产品的优势和劣势，询问客户的决定，让客户开心购买的同时，也对你产生一定的信任。

其他话术

● 我们这个行业比较特殊一点。像之前没用过我们家产品的客户，就拼命找最低价；但是老客户都拼命地找最专业的销售人员。抛开价值不谈，只谈价格，最终产品效果不一定好。

- 如果您还在犹豫，我建议您现在不要着急做决定，买东西的决定权在您手里。您再花几分钟的时间，跟我详细地说一下您面临的问题，我一定如实解答。现在多花 5 分钟把问题捋清楚，后续可以减少很多麻烦。

- 王总，我希望今天您不光因为产品合适而下单，还因为有我存在。不是向您自我吹嘘，我在这个市场上能干 5 年，不是因为我们家东西够便宜，而是我一直坚持客户的事就是我的事。毕竟您今天定了之后，有任何问题还是要找销售人员为您持续服务的，您说是吧？

02_ 客户继续砍价，如何应对

场景1 价格已为最低价，无法让步

<u>普通说法</u> 价格已经是最低价了，不能再少了。

（客户一般不会相信这是最低价，很可能继续砍价）

<u>进阶说法1</u> 王哥，如果您觉得产品不值这个价，我们在这儿耗着也没有意义。我跟您讲产品不同，您也听不进去。我明白您是怕买亏了，想砍价，这其实很正常，我也理解，但您已经砍到最低价了。您如果不嫌麻烦，可以随时过来看我是否卖了您高价。价格不是您定的，也不是我定的，而是依成本定的。现在生意不好做，能出货我们肯定出了。

<u>进阶说法2</u> 王哥，说实话您想要优惠，我特别能理解，毕

竟谁赚钱都不容易。但说实话这个价格真的已经是最低价了，我真的希望跟您合作，但是价格方面我真的不能再优惠了。不过您放心，后期在服务方面，我一定多关注；特别是您的业务，我重点关注。毕竟您看重的是我们长期合作的效果和价值，不是吗？

话术公式	理解客户 + 给出底线 + 转移关注点

技巧点拨

面对客户砍价，不要强硬拒绝，而要去说服。将客户的关注点从价格转移到成本、质量、后期服务等上。

场景 2　价格可以再做让步

普通说法

👤 这样吧王总，我再给您降 500 元。

（直接降价，客户会认为你报的价格仍有水分）

进阶说法

👤 王总，您也知道我们公司品牌奉行统一的制度、统一的定价、统一的市场规则，就算老客户过来，价格也都是统一的，不能砍价。

👤（客户可能这样说）真的假的？

👤 我不会骗您，现在都是电脑记账，我们都没有特权。不信我给您看我们的规章制度。

👤 （客户可能这样说）但这价格我还是觉得高。

👤 实话和您说，给您的这个价格真的很优惠了，我也希望能够促成这单生意，我看您也是很有诚意，以后还有更多合作机会，如果您确定现在就要定下来，给我个准话，什么价格您觉得可以接受，我全力帮您争取优惠！

（技巧点拨）

尽量先了解客户的心理预期价格，再帮他申请优惠，同时也要让他意识到这份优惠来之不易。

场景3　客户给了一个价，说行就买，不行就算了

推荐说法

王总，您放心，我肯定不会让您失望的。您这么信任我、支持我，我肯定让您满意。是不是我申请下来这个价格，您能立马付款呢？如果是，我现在就想想办法，尽全力为您申请。如果不行，我也尽力了，不算辜负您对我的信任。但如果申请下来您还要考虑，那您还是考虑好了我再去申请，不然领导那边我也不好交代。所以还麻烦您给我一个准话。

话术公式	感谢 + 申请 + 要承诺

场景4 客户说给个最低价，价格合适就买

推荐说法

👤 王总，如果我问您您觉得什么价格比较合适，估计您也不会告诉我。您不直接还价，是不是怕还高了自己吃亏呢？

👤 你还是给个价。

👤 其实能给您的价格不是由我决定的，而是由成本决定的。您看这样吧，我也想签这个单子，所以价格我不藏着掖着，直接给到最低价。但是如果给的价格和您的预期不相符，希望您理解，让我说明一下价格差在哪里，然后由王总您来评判值不值，再决定买不买。

话术公式	试探，点破客户顾虑＋坦诚相待

技巧点拨

客户用什么问题来为难你，那往往就是客户自己担心的问题。

03_ 已报出产品最低价，如何促单

普通说法

王总，我用人格担保，这真的就是最低价了！

进阶说法

● （共情话术）王总，买东西都怕买贵了，我能理解。但价格也有个最低价，我的提成也就1%，帮老板多卖您2000元，

我也就多赚 20 元。为了 20 元顶着丢单的风险，这事儿我没必要干。

- （价差话术）王总，这款产品的指导价是 10 000 元，平时我们卖 8000 元，要不是这个月有了工厂的支持，您也不会 7500 元就能买到。所以您不用再怀疑（犹豫）了。

- （示弱话术）王总，这两天的销售人员比客户还多。您只要一出门，我想要叫您回来都没有机会，不露底牌真的留不住客户。我们做生意的，哪有把客户往门外推的道理啊。

- （反威胁话术）王总，您就不用再砍价了，您现在砍掉的差不多都是我的奖励和提成。如果签单后我跟进得好一点，帮您多留点心，您省下的都不止这么多钱。多少让我赚点，我做事也有动力，您说是吧？

- （假装放弃话术）王总，我给您报的是最低价，说了半天您也不信，再这样谈下去，价格还是降不了，所以这个单我就不做了。但是我要说明，不是不想做，是确实做不了。现在不是价格能不能降的问题，而是您对我说的话压根不信的问题。

04_ 价格没谈拢客户走了，如何再次跟进

普通说法

👤 大哥，今天没谈好，您要不下次再来谈谈，我们产品质量确实是很好的。

进阶说法

（在客户离店后快速发信息）

👤 大哥，没能给到您想要的价格，实在很抱歉。

👤 就这样吧，不用聊了。

👤 我发这个消息，目的是不想您误会。降价确实不行，也不是我不想签单，是价格确实到底了，我也没有办法。大家买东西都是能省则省，我非常理解。如果您不嫌麻烦，可以随时过来看看我是否卖了您高价。我做了 8 年销售，从不做一锤子买卖，我是真的希望能和您长久合作的。

（技巧点拨）

砍价反映的是客户的信任问题，价格没谈拢反映的是信任危机。所以想要挽留客户，不要再说产品好，而要学会取得客户的信任。

05_ 客户说别人家的产品更便宜，如何应对

普通说法

👤 一分钱一分货，我们的质量跟他们的肯定不一样。

进阶说法 1

👤 大哥，您说得对，那家确实比我们家便宜。但是有很多客户都是对比两家产品后，最终选择了我们的，您知道这是为什么吗？（引导客户追问）

👤 为什么？

👤 （介绍产品优点）我们使用的材料都是进口品牌的，质量过硬。前段时间我们接待过一位客户，他去年在我们这里咨询过，后来选择了更便宜的那家，没想到用了不到一年产品就出现了问题！所以这位客户今年又找我们家合作。这样吧大哥，我争取给您申请一个内部福利价，行的话我们就成交！

话术公式	肯定客户＋引出疑问＋证明差异＋真实案例＋给出台阶，引导成交

（技巧点拨）

适当使用问句引导客户追问，有效促使客户代入场景，认同产品。

进阶说法2

👤 先生，单从价格角度比，不考虑品质的话，我们的确比某些产品的价格要高一点。您只要愿意花时间，一直找便宜的，我敢保证没有最低价只有更低价。您说是不是？

👤 确实。

👤 我比较自信的是，我们产品的品质一直是行业标杆。

👤 真的吗？

👤 不是我自夸，您去其他店瞧瞧，可以看到一些产品和我们产品很相似。一样的价格比品质，同等品质才能放在一起比价格。这样您选到的才是性价比最高的产品，您说是吧？

话术公式	肯定客户 + 凸显产品市场地位 + 框定价格标准 + 强调品质

技巧点拨

关键时刻，自卖自夸。销售人员可以强调产品的价值，推动对话。

进阶说法 3

👤 姐，如果您只是对比价格，那我就真的不能接您这个订单了，因为在价格上我拼不过他们，我认输。如果您只看价格，不在乎其他的话，还是找他们吧。

👤（客户在意质量）也不是只看价格。

👤 姐，买东西确实不能只看价格，其他店这几年一直把我们当标杆模仿，这也说明我们的质量与实力。您对产品有什么疑问，我一一给您解答！

👤（客户在意价格）我确实有些想选择他们家。

👤 姐，我理解。不过我把我的每一位客户都当作朋友，我只能给您说一点朋友才会说的话。实体店的生意不好做，我在行业干了十几年，如果您信得过我，我可以帮您参考一下别人给您的方案，全当是我免费帮您。我只希望，以后您有朋友需要订单，推荐我们店就行了。至于买不买，还得由他们自己决定。

| 话术公式 | 故意认输＋讲交心话＋欲擒故纵，主动提供后续服务 |

技巧点拨

故意认输时，客户往往会感到惊讶，甚至开始担心自己的决定是不是错了。这时深入沟通，与客户建立稳定的联系，方便后续销售。

06_ 客户在线上不停问价，不愿到店里看，怎么回答

普通说法　（客户问什么回答什么）要不哪天您也来店里看看？我给您当面介绍。

进阶说法　大哥，我是一名销售人员，您问我什么价格，我都可以告诉您，这没问题。而我想邀请您来店里看看，也是想让您看细节、看产品是否合适，这也是我的职责所在。但我每次邀请您来，您总感觉我在耍套路，既然这样，那我报的价格您到底是信还是不信呢？如果不信，您没必要再来问我。如果信我，那来一次又何妨呢？线上聊了那么久，该"奔现"了。

技巧点拨

客户不停询问，说明对产品有兴趣，只差到店购买了。销售人员不要事事顺从客户，有时逼客户一下，也许会有意想不到的效果。

07_ 老客户想要更多优惠，怎么回应

普通说法

不好意思，没办法再降低了，这个价格就是最低价了。

进阶说法

● 真的特别感谢您长时间对我的信任与支持，价格真的没办法再降了。这样吧，为了特别感谢您，我额外赠送您一份礼物，您看可以吗？

● 王姐，每次您来买我家产品我都觉得特别开心。您也知道您为什么会喜欢我家产品，就是因为我家价格非常稳定。不管您啥时候来买，产品价格都是一样的，绝对不会让您买贵了。但是您既然已经提出这样一个需求了，不如我送您一份礼物，也不算辜负您这么多年来对我的支持。

● 张总，您的确是支持了我们多年的老客户了。公司能够发展壮大到今天，完全仰仗所有老客户，这一点我铭记在心。就是您不说这句话，我也会给您打电话过去，我们公司针对老客户特别准备了定制化礼品。其实礼品还不是核心，核心是公司为您提供的优质服务能继续让您用得安心舒适！

技巧点拨

可以赠送一些独特的小礼物，如优惠券、礼品等，让老客户感到自己被重视。

08_ 面对老客户，4招让他复购

招数1 老客户进店先"往外赶"

推荐说法 哥，来了。我建议您先别看我们的产品，先出去转转。看看行情，一会儿回来我们再谈。不然您不了解现在的行情，我就给您下单，本来是帮个忙，最后却变成了我赚您的钱，这样误会就大了。

⌒技巧点拨⌒

客户在购买前一般都会多家比货。主动让老客户选择，让老客户觉得你是在为他着想。

招数2 把老客户当新客户，该有的讲解流程必须有

推荐说法 哥，虽然大家都很熟，但我也不确定这新来的货就一定适合您。为了对您负责，我把产品的好坏给您说清楚。有啥问题当面提，买不买都可以，不用不好意思。

招数3 吃亏一定要吃在明面

推荐说法 姐，今天直接给您最低价格，只要×××元，比其他人便宜了足足××元。

⌒技巧点拨⌒

凸显给老客户的优惠，让他们感到被重视。

不要签单了才送礼

推荐说法　姐，这不天冷了吗，送您一双我们店里的新款手套，让您冬天不冻手！

技巧点拨

签单前送礼是为了促成交易，平时送礼是为了维系感情。

09_ 客户称是老板的朋友，两套话术让客户开心下单

普通说法

👤 价格已经是最低了，已经不能再低了。

进阶说法1（申请上级批准法）

👤 太好了，其实我早知道您和我们老板是朋友，上次我们老板还特意告诉我要尽最大的努力为您提供服务。至于产品方面，您现在没有其他顾虑吧？只是希望我们的价格能再低一点，我们就可以安排下一步的签约，对吧？（确保不会节外生枝）

👤 是，价格能不能再低一点？

👤 王总，虽然我在这个公司三年了，一直都是按照原价签单的。但因为您是老板朋友，我现在把这个情况向领导汇报一下，如果公司这边同意给您最低价格，我们就签约，您看行吗？

进阶说法 2（赠送礼物法）

👤 既然您认识我们老板，我必须给您争取到最大力度的优惠！不然我们老板知道了肯定会怪我不会办事。虽然我已经给您最低价格了，不过既然您是老板朋友，今天我再送您一份额外的福利，这在我们店里只有超级会员才能享受。回头您一定要在老板面前帮我美言几句。

技巧点拨

想既给老板面子又不得罪客户，可以向上级申请确定是否能再降价，或赠送礼物。

10_ 客户想用赠品抵现，3套话术婉拒客户又快速签单

普通说法

👤 很抱歉，赠品不能用以抵现。

进阶说法 1

👤 王姐，我相信您真正在乎的一定不是这点儿优惠，而是真正喜欢这个产品。如果能够把赠品转化成现金来抵优惠，确实很不错。可关键是这个赠品和产品完全没有任何关系，它纯粹是额外赠送给您的。

👤 （客户可能这样说）不要也不能抵现？

👤 是这样的，即使您不要，这款产品也便宜不了。我建议

您还是拿着赠品，不要白不要。这款赠品拿来送人也行。

👤 （客户可能这样说）这款赠品我留着没用。

👨 这款赠品是仅有的一次福利，有特别多的人为了买这个赠品额外花了好几百元。所以您即使不用，拿它送人也行。平时有些人想要它还得不到呢，您今天正好赶上了，多好的事。

话术公式	赞美客户 + 认同客户 + 强调赠品价值

进阶说法 2

👨 先生，赠品是我们初次合作对您的一点儿心意，也是希望给您留下好印象。但是赠品确实是没有办法抵现的，这一点要请您谅解。

👤 这赠品我拿着没用。

👨 其实不仅是您，其他客户也有相似的想法，但是最后他们都接受了赠品，毕竟大家最关注的还是产品本身。赠品其实是起到锦上添花的作用，最主要的还是产品适合您。而且这个赠品其实很实用，您如果不用也可以送人。

话术公式	请求谅解 + 转移话题 + 强调产品本身

进阶说法 3

女士，这款赠品是精心挑选出来的，就是希望给您留下一个好印象。

技巧点拨

强调赠品蕴含的情感价值，让客户不好意思回绝。

*11*_ 客户已经心动，只差临门一脚，怎么争取

1. 对于急性子的客户，强调时间成本

推荐说法 哥，一看您就是干大事的人，对于您来说，时间就是金钱。您现在订下来可以省下时间去做一单生意，或者是陪陪家人，不是更好吗？而且今天的价格确实已经非常优惠了，相信您比任何人都会算这一笔账。

2. 对于喜欢福利的客户，强调限时优惠

推荐说法 先生，偷偷地和您说一句，我们真的就只剩下最后两份定制礼品了。您看那边还有两组客户也有意向，我们可得抓紧时间了，要不然错过这么好的定制礼品，确实挺可惜的。您现在是刷卡还是付现金？

3. 对于非低价不买的客户，采用逆向思维成交法

推荐说法 先生，如果您一定要低价的产品，建议您还是考虑别人家。靠低价吸引客户，后期再增项，或者是偷工减料，我们家干不出来。如果碰上这样的事，浪费时间、浪费钱不说，关键还影响心情。

*12_* 客户表示"下次再买"，如何有效促单

普通说法

👤 行吧，那您要买的时候一定要联系我呀。

（客户这样说有两种原因：一是给自己拒绝购买找借口，二是确实没有考虑明白）

进阶说法 1

👤 王姐，您确定过几天之后真的会买吗？

👤 （客户可能这样说）肯定买！

👤 （立刻敲定名额）那太好了，那我登记一下，确定把这个名额给您，怎么样？

👤 （客户可能这样说）多半会买。

👤 （强调机会难得）如果您确定会买，那您今天一定要把握住这个名额，这个机会很难得。

👤 您也知道今天是活动日，等过几天您再做决定的时候，价格一定上涨不少，甚至都翻倍了。并且那个时候没有今天的活动政策，也没有赠品、特惠、增值服务了。您现在占有这个名额，暂时不用，等过几天，仍然享受购买机会。到时候您花比别人少的钱买下，您还可以享受所有的特权。

话术公式	提供预购买名额 + 强调延迟购买的不利情况

进阶说法 2

👤 王总，"到时候"是什么时候？去年一个客户也说到时候过来看看，可是到了今年还没有过来。我看您是个好人，您不会骗我吧？

👤 不会的。

👤 王总，其实买和不买，我都尊重您的决定。如果王总没看上我们的产品，或者还有什么想法，可以直接说。万一您的要求，刚好我们可以满足呢？我这人说话、做事直，您有什么想法直接提？

话术公式	开玩笑 + 追问

技巧点拨

别给客户推脱的机会，用幽默、真诚的说话风格持续沟通，确认他们的想法。

场景2 客户说等下次搞活动再买

普通说法

👤 还等什么，下次打折不知道是什么时候，还不如现在就买了。难得遇到自己喜欢的东西，不要给自己留下遗憾。

进阶说法

👤 王小姐，听您这么说，我发现您是一个特别心细的人，也特别会挑购买时机。您看这样，不妨留下联系方式，等下一次搞促销活动的时候，我和您联系。

👤 可以。

👔 不过我很负责任地和您说，这次活动是我们店里有史以来优惠力度最大的一次活动，未来也很难等到。

👤（如果客户质疑）意思是以后没有更大的优惠了？

👔 您可以这么理解。毕竟产品本身利润是有限的，如果优惠力度再大，相当于赔钱赚吆喝。所以我建议您喜欢这款产品的话，就趁此机会把它拿下。

👤（如果客户犹豫）我再考虑考虑……

👔 这款产品是很畅销的，光昨天我们就卖了200多件，我真怕没有到打折、换季的时候这款产品已经卖断货了。到时候您买不到也挺遗憾。

话术公式	夸奖客户＋强调优惠力度＋强调断货可能性

13_ 客户说要和他人商量，如何成交

推荐说法1

👔 我理解，回去和家人商量是应该的，毕竟价格也不便

宜。请问，您主要和家人商量哪几方面呢？是款式，还是价格呢？

话术公式	理解顾虑＋询问原因＋引导式提问

推荐说法 2

👤 确实买东西要和家人多商量，我们要尊重对方的意见，才利于家庭和谐。想问问您是担心家人不同意而产生矛盾吗？我理解，每个人的想法都不同，价值观和需求也不同。假设您的家人反对，您还会买吗？您自己的需求和问题还要不要解决呢？

话术公式	理解顾虑＋分析客人想法＋反问，让客户关注自身需求

推荐说法 3

👤 王总，您爱人有您这样周到的好老公，真是太幸福了。看得出来您对我们的产品非常满意，但是从您爱人的角度来讲，或许她更喜欢的，是您将产品带回去给她惊喜。

🧑 怎么说？

👤 我想问您一个问题，最近入秋了，要是晚上您爱人的被子滑下来，您是把爱人叫醒让她自己盖好，还是您直接帮她盖上呢？（待客户回答）所以，如果爱，请给惊喜，不用商量。

用语言将客户代入具体场景，让客户说服自己。

14_ 客户想在网上买，怎么回复

普通说法　在网上摸不着实物，到时候不满意得退货，多麻烦。

进阶说法1　王姐，其实在哪里买不重要，重要的是您到底想不想要。您也知道现在很多产品，都有电商特供版本。您花钱去买一个摸不着的，还不如买一个现在就摸得着，又知道质量，性价比还高的。这样您用着也省心，您说是吧？

进阶说法2　姐，在哪里买其实真的不重要，看您图的是便宜还是图质量和服务。如果您收到东西后质量不是您想象的那么好。退货还得出运费，麻烦得很。所以是不是您想要的，才是最重要。要买就买摸得着的产品，这样您用得也放心！

将客户的注意力引向产品质量本身，最终凸显线下购买的好处。

15_ 客户成交意向不强，两套话术让客户付订金

推荐说法1

👤 王姐，我能理解，当我对一款产品还有顾虑的时候，我也不会着急下单，肯定也会多对比其他产品。咱们今天也聊到这个程度了，您也别和我客气，直接告诉我您关注的是哪几个方面。

👤 （回答自己关注的方面）

👤 姐，原来您关注的是这几个方面，这好办，交给我，我肯定能帮您解决好。不过这款产品卖得一直很好，一天可以卖出五六套。这样吧，要是您对它还是有点意思，我直接把这个购买名额给您，免得您考虑好了却买不到了。订金也只是价格的5%，您看可以吗？

话术公式	理解客户 + 主动提问以明确客户的顾虑 + 保证解决问题 + 引导客户付订金

推荐说法2

王姐，买东西确实要好好儿考虑，我肯定不会逼您。我们提供了锁定产品的服务，您可以先付订金锁定这款超值产品。如果您最后不喜欢，到时候我把订金给您全退了。要不我现在就给您填一个锁定产品的表单？

技巧点拨

客户交钱意味着信任销售人员！

16_ 客户无法面谈，如何有效签单

推荐说法

👤 王总，我们还未见过面，您对未来的合作一定有担心和顾虑，对吗？

👤 确实有点儿没安全感。

👤 在您所在的城市，我们服务了××、×× 等，他们与您是同行，这些服务很多也是远程提供的。而我们公司在全国各地都有站点，线上签单流程也十分健全，服务水平有保障。这样，如果您不放心，我们这边为您提供一份"保险"，如果出了任何问题，我们会补偿到位。

技巧点拨

客户在没有见面的情况下付钱签单，他一定没有安全感。所以关键在于为客户提供各方面的安全感，客户才能放心签单。

17_ 怎么与大客户聊，才能签单

推荐说法

👤 王哥，像您这样的大客户，平时肯定很忙，所以客套的话我也不多说了。您应该更加喜欢直接的方式。

👤 直接点儿是好一些。

👤 为了让您花钱放心，产品的优劣我会讲清楚。（简单明

了讲解产品）

👤 我考虑一下。

👤 我明白现在不管您去哪一家看东西，各家肯定都会给您不同的优惠条件，毕竟谁都不想流失大客户。如果产品看得上，那价格不用您说，我们一定会给您最低价。而且您买产品，花钱的目的也是省时省心，毕竟时间、精力对您来说更值钱！如果您把这一单给我们，我们一定让您省下最宝贵的时间与精力。

话术公式	开门见山 + 承诺省时省心

技巧点拨

要取得大客户信任的难度很大。面对大客户，强调他的时间和精力宝贵，更容易促成交易。

*18_* 遇到客户催着签单，怎么办

👤 你家的产品确实好，别的店 20 000 元就能买到，我现在给你 22 000 元，赶快签合同吧！

普通说法

👤 我们底价是 28 000 元，这合同没法签。

进阶说法

👤 王总，看得出来您确实喜欢我们的产品，但是您不肯出

28 000 元，是觉得我们的产品不值这个价钱吗？

👤（客户可能这样说）还是值得的。

👤（推进成交）您是明白人！不过您对价格有顾虑，很正常。您对产品哪些细节不理解，我仔细讲解！您要是满意，我们就把这单敲定了。

👤（客户可能这样说）确实有些不值。

👤 王总，如果您的预算就是 20 000 元，我建议您不用多掏 2000 元在我们这里订货，在别的店试试，估计不到 20 000 元就可以拿下。我也想多签个单，但是您给的价格确实太低了。

👤 你就不做我这一单了？

👤 当然不是，不得不说，王总您看中我们的产品，眼光还是相当好的。您看这样吧，我去找老板申请一下，就说有的店出 18 000 元在抢我们客户，但客户就是喜欢我们的产品，可惜多了 10 000 元的差价，客户心理不平衡。我看看老板怎么说，也许能给您一个满意的价格。

技巧点拨

面对客户催着签单，要制造降价的门槛，改变客户的价格期望。

19_ 客户即将付款，如何回复能引导其消费

推荐说法

- （利用夸赞引导消费）您今天看中的这款产品的确超值，买回去您的朋友肯定都会夸您眼光好。您买完之后还有时间，不妨随便逛，要是又看中哪款也随便试用，我还想学习您的品位和审美。

- （利用赠礼引导消费）王姐，感谢您的选择！今天和您相处特别开心，等您付完款，加赠您一张折扣卡，全场第二件半价！您买完这件上衣，还能以优惠的价格购入一件短裙。当然，您买不买无所谓，主要还是要让您看到我们的诚意。

- （利用活动引导消费）王姐，我们今天相处很愉快，我特别感谢您选择我们的产品。您现在直接付款当然很好，不过我们店里最近在做充值活动，充 100 元送 50 元。您买这件产品的价格就快 100 元了，要是现在充值，还送您 50 元。后续您有什么看中的东西，都可以直接用充值金额购买。您要是觉得不错，现在就可以充值。

20_ 客户完成付款，5 句话让他成为回头客

普通说法

感谢您的选择！

进阶说法

- （持续服务）王总，款已收到！我知道对您来说合作已经完成，但是对我来说，服务才刚刚开始。希望您能在未来我对您的服务中，亲眼见证您今天没有选错人！

- （幽默风格）喜欢花钱的人笑容多，爱笑的人贵人多，贵人多的人福气多。不用怀疑，您就是下一个成功人士！感谢您的坚定选择！

- （真诚）我做生意没有什么特别技巧，只知道以真心换取真心。只有坦诚相待，才容易赢得信任，感谢您的信任！

- （夸赞）遇到您这么有眼光又懂欣赏的人是我的荣幸，期待下次合作更愉快！

- （自荐）我好久没有服务过像您这么有眼光、大气、爽快的客户了。期待您下次光临！下次您来的时候一定要找我，我们继续愉快合作！

（技巧点拨）

客户成交后，要致力于将其培养成忠诚客户。

第 8 章

售后服务:

维系客户,
让他来了又来

01 _ 客户付款后你这样说，客户与你更亲密

普通说法

不客气！／欢迎下次再来！

进阶说法

- （体现服务优势）其实因为价格我们放弃了很多客户，但是因为专业的服务我们又赢得了更多客户。感谢您没有因为价格错过这么好的产品，下一次过来，我还会一如既往地为您用心服务。

- （体现责任感）您选择我们产品就意味着信任我们品牌、信任我。成交只是我服务的开始，后面您在使用产品的过程中遇到任何问题，都可以找我。

- （体现好人设）真的很感动，您能在这么多品牌里面选择我们。虽然我做的是销售，但我交的是朋友。我对朋友都是非常真诚的，只推荐对的，不推荐贵的，很多客户跟我接触一次就成为朋友了。

技巧点拨

这样说可以让客户感受到你的诚意和热情，对你产生好感与信任；同时能够加深你与客户的感情，有利于再次合作。

02_ 介绍售后服务，让客户成为回头客

普通说法

这款产品基本上不会遇到什么售后问题。

进阶说法

● 我们非常注重售后服务，如果您在使用产品过程中遇到任何问题，请随时联系我们。我们有专业的售后团队，会尽快处理您的问题，并为您提供优质的服务。同时，我们也提供×××的保修期，如果产品有质量问题，我们提供免费维修或更换服务。希望您能安心使用我们的产品。

● 我们的售后服务非常完善，如果您有任何问题或者需要帮助，请随时联系我们的客服团队，我们会尽快帮您解决问题。同时，我们也会为您提供一份详细的售后服务手册，您可以随时查阅，更好地享受我们的售后服务。

话术公式	强调售后服务质量＋保证持续服务

技巧点拨

这样说的好处是能够让客户安心、放心，不仅可以提升客户的满意度，还可以为公司树立良好的声誉和品牌形象，取得客户的信任，为未来的合作打下坚实的基础。

*03_* **客户付款后后悔，如何应对**

推荐说法

● （承诺完善的售后服务，让客户放心）我们的品牌承诺，如果产品买回去，×天内不喜欢是可以无理由退换货。您发现不合适直接拿着小票在×天内，来我们店铺退换货就可以了。

● （承诺可以换款，让客户放心）您有顾虑我很理解，但我们给您提供的产品，不但经得起时间的考验，品质也是绝对可以让您放心的，关键是这个产品适合您，对吧？我们是根据您的需求来推荐款式的，您×天内真的不喜欢了，我们提供换款服务。

（技巧点拨）

销售人员可以再次强调产品质量、服务和退换货政策等方面，表达对客户购物体验的重视，让客户感受到购物保障，给客户吃一颗"定心丸"。

*04_* **想让客户成为会员，两套话术帮你拓展一个新会员**

普通说法

办个会员吧！

进阶说法

● 您成为会员后，可以第一时间了解到促销活动和最新的行业资讯，以及享受更多会员福利。您可以放心，我们会严格保护您的隐私，并确保您的个人信息安全。

- 非常感谢您购买我们的产品，我们希望能够提供更多的优惠和服务给您。如果您现在留下联系方式，我们将会为您提供更多的会员福利，包括专属折扣、产品试用和赠品等。如果您不介意，我可以帮您填写一下资料，这样您就能轻松享受会员服务了。

（技巧点拨）

首先，强调成为会员的好处，如能够及时获取促销信息、行业资讯，以及享受更多的会员福利等（利他性）；其次，强调客户的隐私和个人信息的安全性，增加客户的信任；最后，主动提出帮助填写资料，为客户提供便利（便利性），让客户更加愿意成为会员。

05_ 售后服务面面俱到，让客户离不开你

常见做法 客户向你反映问题后你才去解决，解决完就不联系。

进阶做法 平常"没事找事"，主动预判客户可能会遇到的问题并及时解决，真正做到急客户所急。

高水平的售后服务就是让客户对你产生依赖。在所有与产品和服务相关的事情上，全力以赴为客户提供完善的解决方案，客户无须自行处理，时间久了，客户离不开你，完全信任你，从而建立对品牌的高度依赖和信任。

举例

客户做了一个医美项目。

👩 王姐，您好，我是×××的员工，今天很荣幸为您服务，我今天帮您做了一个××××的项目，温馨提醒您，这个项目做完以后要注意以下事项：1.××××；2.××××；3.×××。

👨 好的，我记住了。

👩 感谢您对我工作的支持，如果有任何不满意，一周之内帮您免费调整。如果满意，您可以介绍朋友过来，我会给予最大优惠力度。今天有点遗憾，本来给您准备了一个小礼物，走的时候忘了送给您，我记得您说过皮肤有点干，我给您准备的是一盒保湿的面膜，用员工福利领的，原价×××元。您方便的话给我个地址，我给您寄过去。

06_ 高效处理投诉，让"黑粉"变"铁粉"

场景1 **产品出现问题，客户发脾气**

普通说法　您冲我喊没用，这是产品出现了问题，我服务没问题。／这点小事，至于生这么大气吗？

　　进阶说法　很抱歉您遇到了这样的问题，听得出来您现在很着急，那您希望怎么处理呢？（等客户回答）。我们有以下补偿方案：方案一，××××；方案二，××××。您愿意接受哪一种呢？为了表示歉意，这是我们额外为您准备的一份小礼物，请您收下。您先休息一下，我马上为您处理。

（技巧点拨）

　　向客户道歉、表示理解，听取他们的意见和建议，并积极提供解决方案、保持沟通、提供补偿……暖心的售后服务能够取得客户的信任和好感，能提高其满意度和忠诚度，有助于维系客户。

场景2　服务出现问题，客户不高兴

　　普通说法

　　我也不是故意的。／您大人有大量就不要计较了。

　　进阶说法

　　👤 非常抱歉服务问题给您带来不愉快的体验，我们认真反思了我们的服务行为，发现我们没有达到您的期望。我们会认真倾听您的意见和建议。

　　👤 不管你们多忙，都不能敷衍客户，你说对吧？

　　👤 对，我们后续会加强培训，改进我们的服务，以便更好地为您服务，确保此类问题不会再次发生。再次感谢您向我们提出问题，我们非常重视您的反馈，这有助于我们改进服务。我们给您准备了一个小礼物作为补偿，希望您能够原谅我们。

话术公式	表达歉意 + 提出改进措施 + 补偿

(技巧点拨)

　　表达歉意，向客户展示诚意和责任心，从而挽回客户的信任和好感。提出改进措施和补偿，进一步提升客户的体验和满意度，最终挽回公司的品牌形象。

07_ 客户想退货，如何妥善处理

场景1　客户因为买贵了要退货

推荐说法

　　👨 王哥，不要紧，货肯定是能退的。

　　👤 那你快点！

　　👨 市场上的东西价格高的低的都有，您看到别人的价格低，认为在我这里买贵了，我非常理解。如果您现在决定退货是因为价格，那我比不了，退货我也认了。

　　👨 你们的产品确实更贵点。

　　👨 如果您怕买贵了，这您大可放心。现在竞争这么激烈，价格的差距其实就是成本的差距，而且行情也不太好，我也不敢卖您高价。如果您感觉我说的这些不太可信，这个钱退您没问题。但我也希望您再次做决定的时候，全面考虑，别被"坑"了。

话术公式	保证可退货 + 分析价格行情

给客户安全感，客户才会慢慢听你分析。

场景 2 产品只能换不能退

推荐说法

👤 我上周在这里购买了一瓶精华液，但是使用后发现并不适合我的皮肤，我想要退货。

👩 听到您的不满，非常抱歉。能否请您告诉我使用过程中有什么不适合的地方？

👤 我的皮肤比较敏感，使用后感觉有点刺痛和发红。

👩 抱歉给您带来不便，我们非常关注您的反馈和体验。针对您的皮肤情况，我们推荐另外一款更适合敏感肌肤的精华液，如果您愿意，我们可以为您更换这款产品。

👤 （客户可能这样说）好的，谢谢。

👩 另外，我们为您提供一张无门槛优惠券，以表达我们的歉意和感谢。如果您有任何关于我们品牌和产品的问题和建议，可以在我们的社交媒体账号上留言，我们会尽快回复您并给予专业的建议。

👤 （客户可能这样说）我就想退货。

👩 我非常理解您因为体验不好想退货的心情，但很抱歉我们没有退货服务。为了弥补您的损失，我们不仅提供换货服务，还加赠一张无门槛优惠券。同时后续您有任何使用上的疑问，都能随时联系我们！您看这样行吗？

技巧点拨

产品只能换不能退，就要让客户感受到换货比退货更划算。

场景3 产品可以退

推荐说法

👤 您好，请问有什么可以帮您吗？

👤 我买的这个产品不太合适，想要退货。

👤 非常抱歉给您带来不便，我们是可以为您提供退货服务的。不过在此之前，请问您有什么具体的问题或者不满意的地方呢？我们会尽全力为您解决问题。

👤 （客户指出不满意的地方）

👤 这些我都已经记下了，很抱歉给您带来不好的体验。我会向公司反馈，争取解决这些问题。当然我们也有其他产品，也许能解决这些问题，您也可以看看！

👤 （客户可能这样说）没有具体的问题，就是觉得不太合适。

👤 好的，我们尊重您的决定，我们会为您提供退货服务。同时，我们也希望能够为您提供更好的产品和服务，如果您有任何其他需求或建议，您可以跟我说。

👤 好的，谢谢。

- -

👤 非常感谢您对我们的支持和信任，为了表示歉意，我给您送了 3 张无门槛优惠券，您下次过来可以直接抵扣使用。

（技巧点拨）

无论能否退货，都需要以客户的体验和需求为中心，满足客户的合理要求，让客户感到被重视。销售人员需要真诚地听取客户的意见和建议，并快速地提供解决方案，解决客户的问题。如果条件允许，销售人员可以在解决客户问题的同时，赠送小礼品、优惠券等，让客户感受到被关怀，留住客户。

08_ 如何让客户帮忙介绍新客户

普通说法

如果对产品满意，还麻烦您多介绍给家人和朋友。

进阶说法

👤 您上次在我这儿买的产品怎么样？

👤 还可以。

👤 感谢您对我们产品的支持和认可。如果您后续使用过程中遇到任何问题，都可以在微信上咨询我。

👤 好的，谢谢。

👤 最近店里会上一批 ××××，专门用来赠送给一直支持我们的老客户，市场售价×××元。您周末有时间的话，可以带着朋友一起过来，您可以在微信上提前告诉我过来几个人，我给您预留好礼物名额。

话术公式	询问使用情况＋表达感谢＋介绍新产品＋提供福利

（技巧点拨）

让客户介绍新客户，本质上还是销售人员求客户帮忙，因此销售人员需要耐心引导客户。一个成功的转介绍营销策略必须以客户为中心、具有利他性，并且不占用客户太多时间，这样客户才愿意帮忙。另外，直接要求客户介绍新客户不太合适，客户出于本能的防备心理可能会拒绝。销售人员可以用赠送礼物为理由，邀请客户带朋友来逛店，达到促进客户介绍新客户的目的。

09_ 售后回访，这样说让客户变成忠实客户

普通说法

☺ 亲爱的，产品使用还可以吧？

☻ 挺好的。

☺ 满意的话，下次再来啊。

进阶说法

您好，我是×××店的小张，您上次在我们店买了××，使用体验怎么样呢？使用过程中有没有遇到什么问题呢？（等

待回答）那您可以这样解决：××××××（个性化解决方案）。您满意的话，还麻烦您帮忙宣传一下／给个好评，这是我们提供优质服务的动力呀！最近我们店铺也有一些新品，有××活动，刚好有您喜欢的××××风格，您时间方便的时候可以来店里逛逛，特意给您留了库存。

技巧点拨

回访时，需要注意以下几点，以让客户愿意持续消费：

（1）态度友好和热情，向客户表达感谢并关心客户是否满意；

（2）提供个性化建议，根据客户的需求推荐产品；

（3）关注客户反馈，适时引导他们帮忙宣传；

（4）强调优惠和特别福利，提高客户对品牌的忠诚度。

10_ 邀约客户到店看新品，如何让客户更愿意行动

推荐说法

- （余额提醒邀约）×姐／哥，您好，我是××店的××。给您致电是想提醒您，您尾号××××的会员卡里，还有××元，您可别给忘了，×××（时间）到期。最近店里有新款，是您以往喜欢的风格，您最近如果不忙可以到店里来逛逛。

- （精准活动邀约）×姐／哥，您好，我是××店的××。我记得您之前说特别喜欢××的产品，咱们店里现在有三款产品快断货了，所以这几款产品活动力度很大。最主要的是，

这几款产品客户反馈都不错，所以，我就想着应该跟您说一声。我发几张图片您先看看，您有空的时候可以到店里来逛逛，买不买没关系，您不要有顾虑，也欢迎您带上朋友一起来。

- （休眠会员邀约）×姐/哥，您好，我是××店的××。我们店××月××日—××日有一个老会员积分回馈活动，我看您会员卡里积分不少，能兑换个不错的礼品，积分过期就清零了有点可惜。所以，就想着跟您说一声，您看您本周方不方便过来兑换礼品？

- （年度回馈邀约）×姐/哥，您好，我是××店的××。咱们店最近有个年度回馈活动，让每位员工选几位重点客户，我就想到了您，真的非常感谢您这一年对我的支持！店里给您准备了一份礼品，您看您这周什么时候有时间过来取？

- （定时保养邀约）×姐/哥，您好，我是××店的××。上次您做护理的时候，预约的下次护理时间是下周×，跟您确认一下时间，我现在为您排时间，您来的时候就不需要等了。

- （免费服务邀约）×姐/哥，您好，您上次购买了××产品，请问在使用过程中是否有遇到什么问题？（客户回答"没有"）没有是吗？那太好了，您平时有空的话，也可以把它带来店里做护理，延长它的使用寿命。另外，您家里要是有需要做护理的产品，都能拿过来免费做，这是我们店给客户提供的增值服务，您有需要过来就行。